Matherad 2

Trainingsheft

Nina Fiedel-Gellenbeck
Alma Tamborini

Ernst Klett Verlag
Stuttgart · Leipzig · Dortmund

Datum:

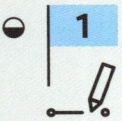

| 12 + 7 = | | 2 + 16 = | | 8 + 2 = |

Verliebte Zahlen

Tausch-aufgabe

Zwerg und Riese

| 11 + 9 = | 15 + 3 = | 3 + 7 = | 4 + 13 = |

Datum:

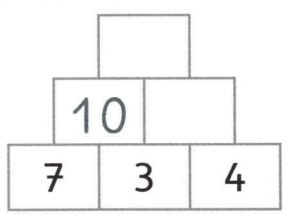

10
7 3 4

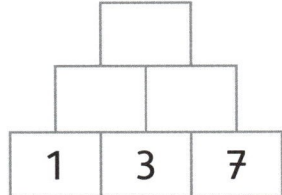

1 3 7

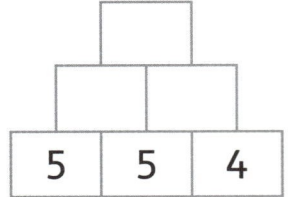

5 5 4

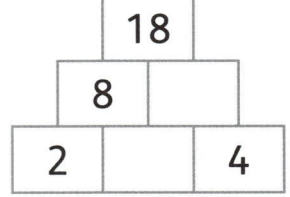

18
8
2   4

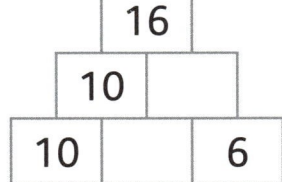

16
10
10   6

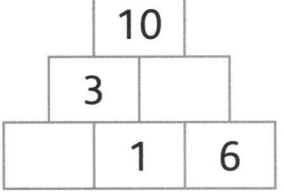

10
3
1 6

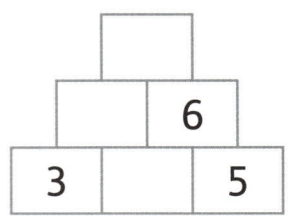

6
3   5

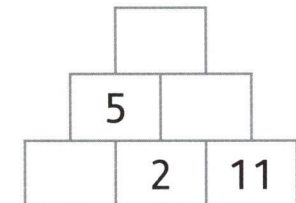

5
2 11

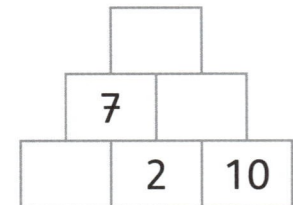

7
2 10

2

Datum:

3

| 19 − 8 = | 16 − 2 = | 10 − 7 = |

Verliebte Zahlen

Zwerg und Riese

| 10 − 4 = | 17 − 3 = | 18 − 5 = | 10 − 6 = |

Datum:

4

6 − 1 = 5	9 − 4 =	6 − 5 =
8 − 6 =	8 − 5 =	9 − 5 =
2 − 1 =	5 − 3 =	6 − 4 =
6 − 2 =	4 − 3 =	9 − 2 =
19 − 1 =	17 − 4 =	13 − 2 =
18 − 6 =	20 − 9 =	19 − 8 =
12 − 1 =	15 − 4 =	19 − 6 =
17 − 6 =	19 − 7 =	18 − 4 =
11 − 1 =	17 − 7 =	13 − 3 =
15 − 5 =	12 − 2 =	18 − 8 =
19 − 9 =	20 − 10 =	14 − 4 =

□ □→ **Arbeitsbuch 2** S. 5

5

8	+	4	= ☐
9	+	4	= ☐
10	+	4	= ☐
11	+	☐	= ☐
☐	+	☐	= ☐
⬇ ☐	⬇ ☐	⬇ ☐	

9	+	6	= ☐
9	+	7	= ☐
9	+	8	= ☐
☐	+	☐	= ☐
☐	+	☐	= ☐
⬇ ☐	⬇ ☐	⬇ ☐	

4	+	4	= ☐
5	+	5	= ☐
6	+	6	= ☐
☐	+	☐	= ☐
☐	+	☐	= ☐
⬇ ☐	⬇ ☐	⬇ ☐	

5	+	6	= ☐
6	+	7	= ☐
7	+	8	= ☐
☐	+	☐	= ☐
☐	+	☐	= ☐
⬇ ☐	⬇ ☐	⬇ ☐	

6

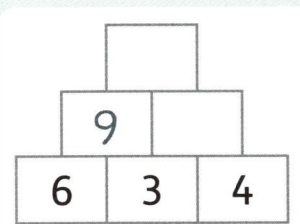
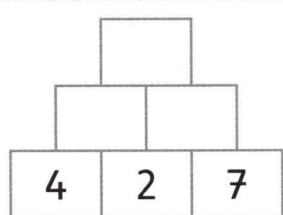
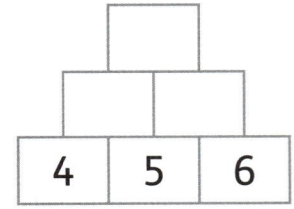

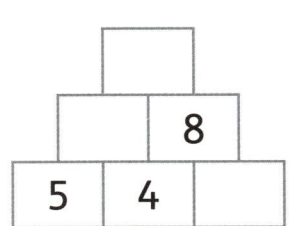
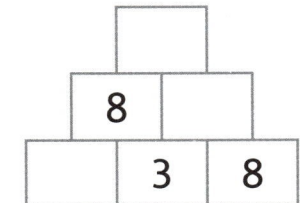
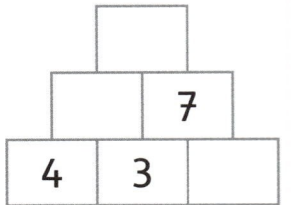

☐ ☐→ **Arbeitsbuch 2** S. 6

Datum:

7

18	–	9	= ☐
17	–	9	= ☐
16	–	9	= ☐
15	–	☐	= ☐
☐	–	☐	= ☐

↓ (blau) ☐ ↓ (gelb) ☐ ↓ (grün) ☐

11	–	9	= ☐
11	–	8	= ☐
11	–	7	= ☐
☐	–	☐	= ☐
☐	–	☐	= ☐

↓ (blau) ☐ ↓ (gelb) ☐ ↓ (grün) ☐

12	–	4	= ☐
13	–	5	= ☐
14	–	6	= ☐
☐	–	☐	= ☐
☐	–	☐	= ☐

↓ (blau) ☐ ↓ (gelb) ☐ ↓ (grün) ☐

11	–	8	= ☐
12	–	7	= ☐
13	–	6	= ☐
☐	–	☐	= ☐
☐	–	☐	= ☐

↓ (blau) ☐ ↓ (gelb) ☐ ↓ (grün) ☐

Datum:

8

6	8	14

$6 + 8 = $ ☐
$8 + $ ☐ $ = $ ☐
☐ $ – $ ☐ $ = $ ☐
☐ $ – $ ☐ $ = $ ☐

4	9	13

☐ $ + $ ☐ $ = $ ☐
☐ $ + $ ☐ $ = $ ☐
☐ $ – $ ☐ $ = $ ☐
☐ $ – $ ☐ $ = $ ☐

7	9	16

☐ $ + $ ☐ $ = $ ☐
☐ $ + $ ☐ $ = $ ☐
☐ $ – $ ☐ $ = $ ☐
☐ $ – $ ☐ $ = $ ☐

Zehner und Einer

Z | E

Datum:

9 Schätze zuerst.

Ich schätze:

Es sind ⬚60⬚ Würfel.

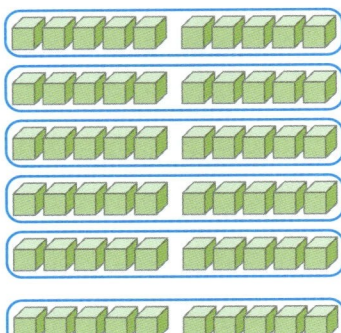

Ich bündele:

Es sind ⬚ Zehner.

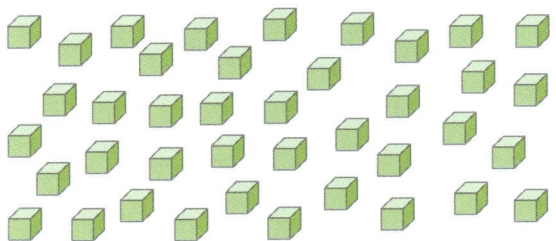

Ich schätze:

Es sind ⬚ Würfel.

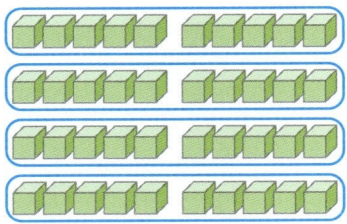

Ich bündele:

Es sind ⬚ Zehner.

Ich schätze:

Es sind ⬚ Würfel.

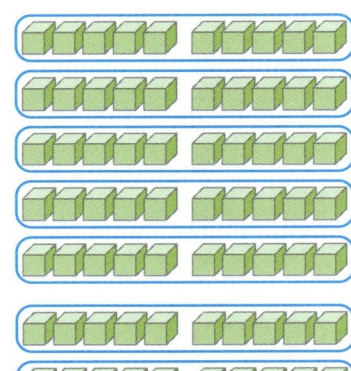

Ich bündele:

Es sind ⬚ Zehner.

Zehner und Einer

Datum:

10

Z	E
6	3

Z	E

Z	E

Z	E

Z	E

Zehner und Einer

Datum:

○ **11**

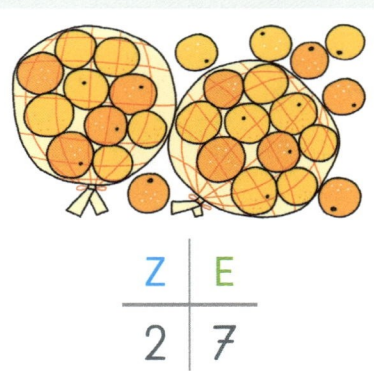

Z	E
2	7

Z	E

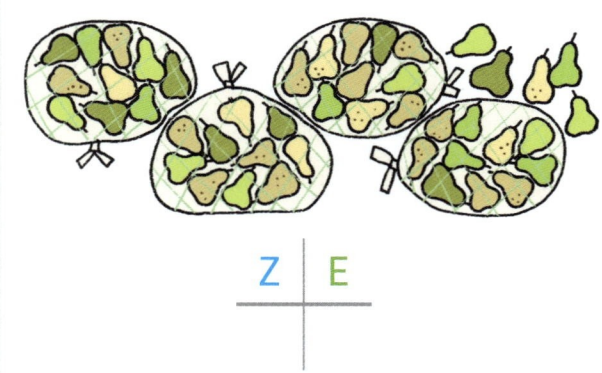

Z	E

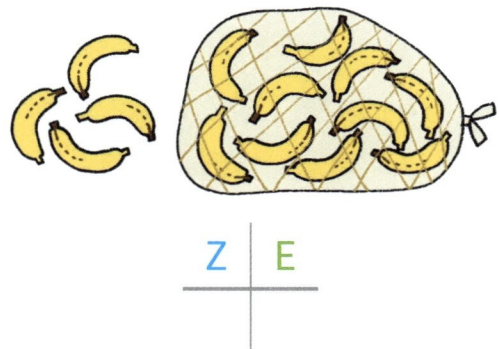

Z	E

Datum:

○ **12**

Z	E
1	8

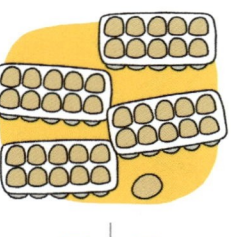

Z	E

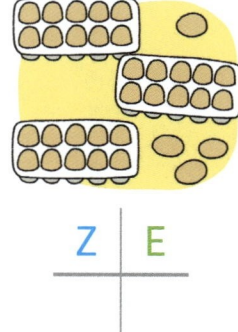

Z	E

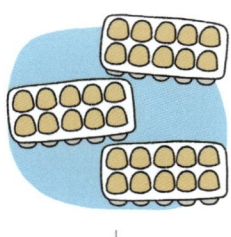

Z	E

Zehner und Einer

Datum:

13

Z	E
4	3

Z	E

Z	E

Z	E

Z	E

Z	E

Z	E

Datum:

14

Z	E
1	3

Z	E
3	6

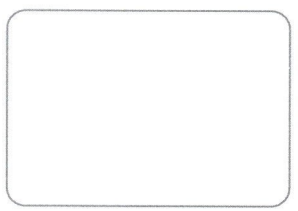

Z	E
4	7

Z	E
2	0

Z	E
7	5

Z	E
9	7

Z	E
8	2

Z	E
6	7

☐ ☐ → **Arbeitsbuch 2** S. 14/15

Zehner und Einer

15

23

$23 = 20 + 3$

☐

☐☐ = ☐ + ☐

☐

☐☐ = ☐ + ☐

☐

☐☐ = ☐ + ☐

☐

☐☐ = ☐ + ☐

☐

☐☐ = ☐ + ☐

☐

☐☐ = ☐ + ☐

☐

☐☐ = ☐ + ☐

☐

☐☐ = ☐ + ☐

☐

☐☐ = ☐ + ☐

☐

☐☐ = ☐ + ☐

☐

☐☐ = ☐ + ☐

☐ ☐→ **Arbeitsbuch 2** S. 16

Zehner und Einer

16

Datum:

5	8	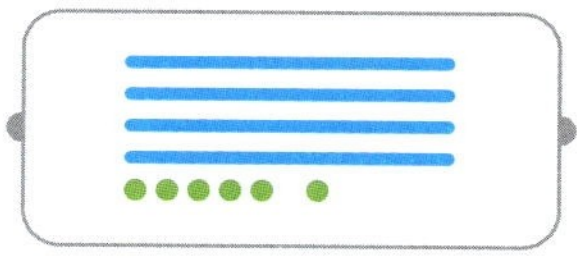	achtundfünfzig
2	4	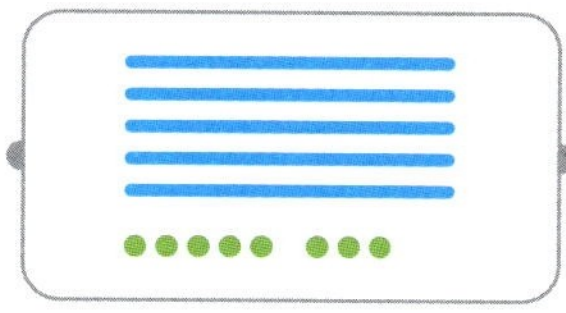	einundneunzig
4	6	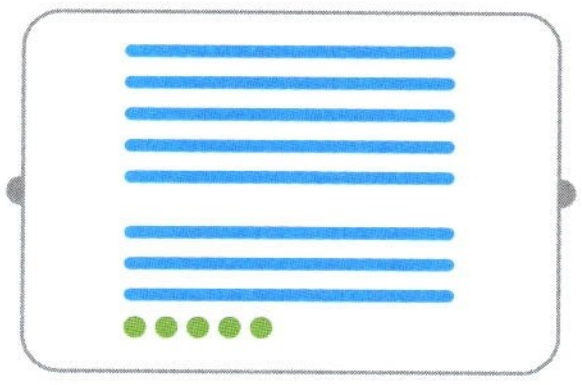	vierundzwanzig
6	3	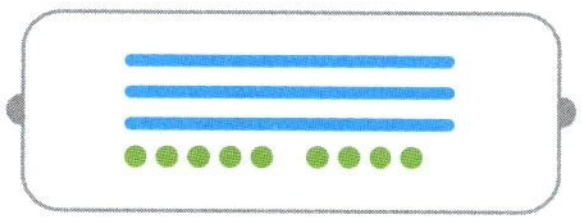	dreiundsechzig
8	5	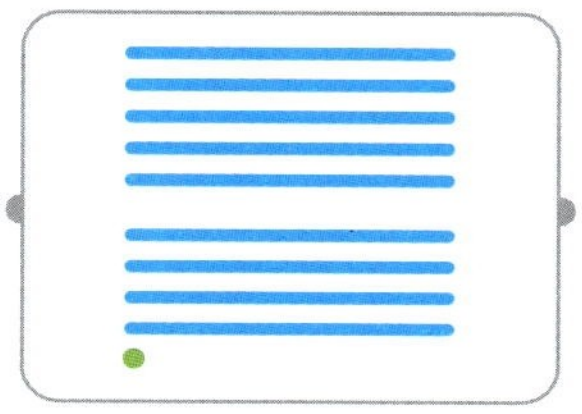	neununddreißig
9	1	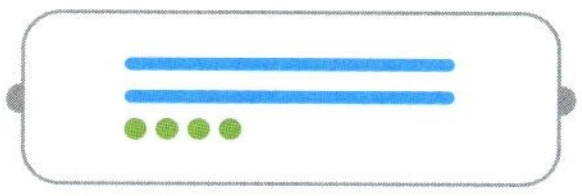	fünfundachtzig
3	9	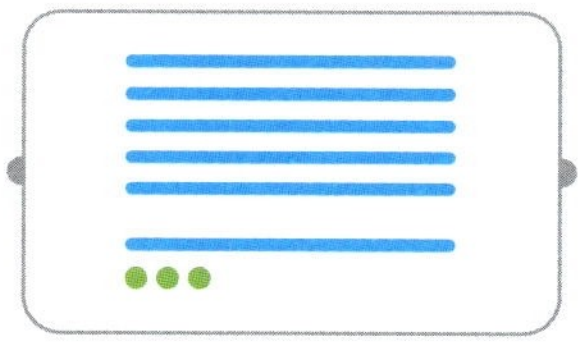	sechsundvierzig

Datum:

17

zwei	und	dreißig	3 2
vier	und	achtzig	
neun	und	vierzig	
sieben	und	fünfzig	

ein	und	sechzig	
fünf	und	zwanzig	
acht	und	siebzig	
drei	und	neunzig	

Hunderterreihe

 **18**

Datum:

 **30**   **29**   **35**   **25**   **39**   **36**   **21**

40

 **19**

Datum:

 **60**   **64**   **55**   **52**   **70**   **59**   **68**

65

20

Datum:

31 32

47

76

84

53

42

65

100

□ ▢→ **Arbeitsbuch 2** S. 19

Datum:

21

(46)(47)(48)   ( )(73)( )   ( )(63)( )

( )(88)( )   ( )(84)( )   ( )(52)( )

( )(79)( )   ( )(90)( )   ( )(45)( )

( )(31)( )   ( )(40)( )   ( )(96)( )

( )(56)( )   ( )(29)( )   ( )(99)( )

Datum:

22

(24)(25)(26)   ( )( )(52)   (17)( )( )

(67)( )( )   ( )( )(64)   (59)( )( )

(55)( )( )   ( )( )(77)   (70)( )( )

(36)( )( )   ( )( )(36)   (73)( )( )

(41)( )( )   ( )( )(80)   (90)( )( )

Hunderterreihe

Datum:

○ **23**

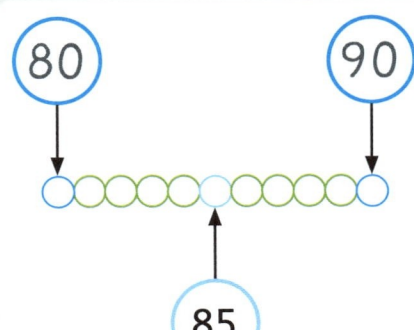

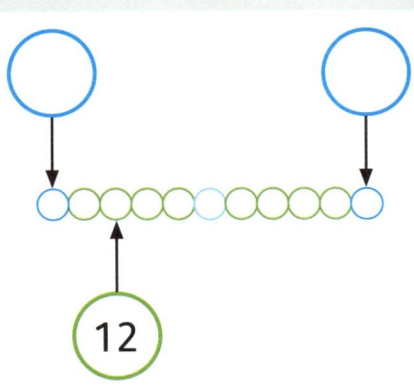

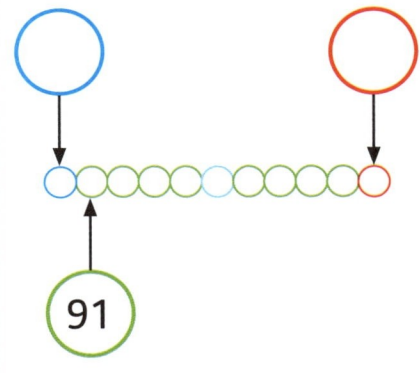

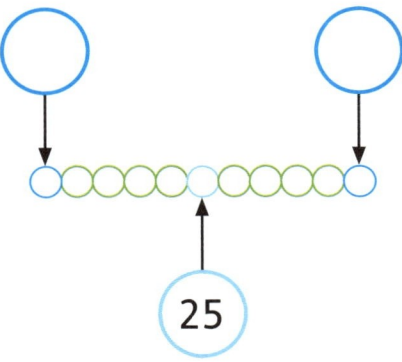

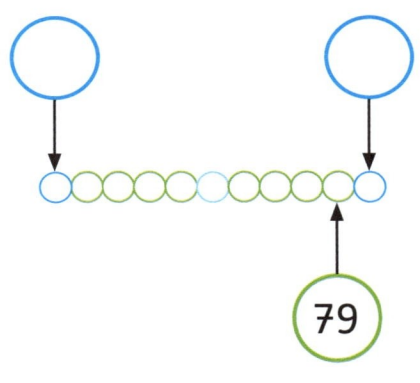

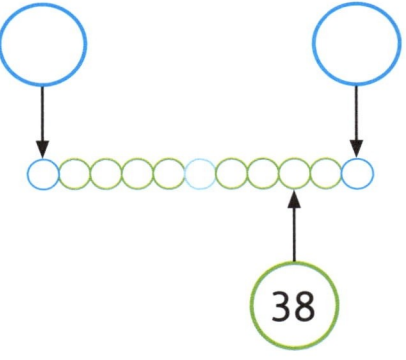

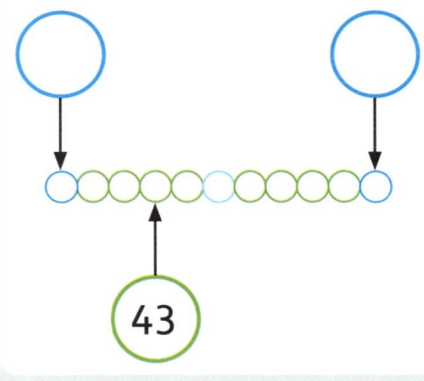

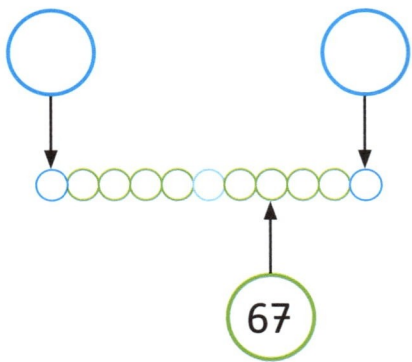

□ 🗐→ **Arbeitsbuch 2** S. 21

Hunderterreihe

Datum:

24

V		N
58	59	60
	22	
	45	
	83	

V		N
	61	
	80	
	96	
	52	

V		N
	74	
	37	
	40	
	69	

Datum:

25

V		N
89	90	91
		42
		35

V		N
		72
		50
		81

V		N
		64
		99
		26

Datum:

26

NZ		NZ
30	34	40
	53	
	61	
	7	

NZ		NZ
	29	
	72	
	16	
	38	

NZ		NZ
	45	
	88	
	24	
	95	

Datum:

27

NZ		NZ
30	34	40
60		70
80		90

NZ		NZ
20		
80		
30		

NZ		NZ
		60
		90
		20

□ ⬚ → Arbeitsbuch 2 S. 22

Datum:

28

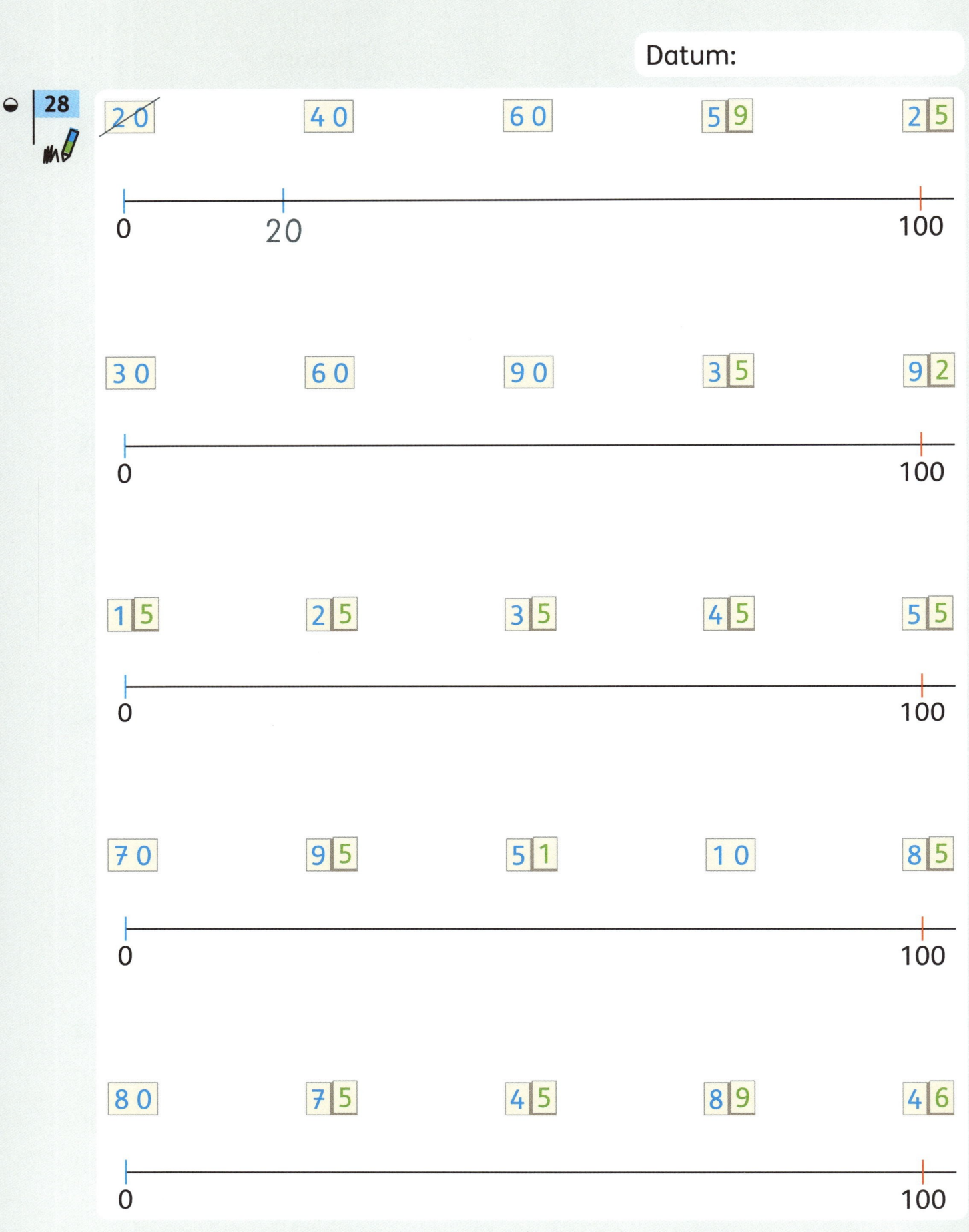

20   40   60   5 9   2 5

0   20   100

3 0   6 0   9 0   3 5   9 2

0   100

1 5   2 5   3 5   4 5   5 5

0   100

7 0   9 5   5 1   1 0   8 5

0   100

8 0   7 5   4 5   8 9   4 6

0   100

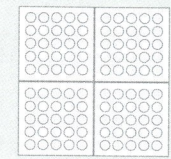

29

Datum:

Male die Zehner dunkelblau an.

Male die Zahlen mit 5 Einern hellblau an.

Male alle anderen Felder grün an.

Datum:

30 Welche Zahlen haben sich im Hunderterfeld versteckt?

6	

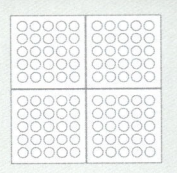

Datum:

31 Welche Zahlen haben sich im Hunderterfeld versteckt?

2

32 Male die Felder passend an.

Datum:

1	12
11	23
21	34
31	45
41	56
51	67
61	78
71	89
81	100
91	

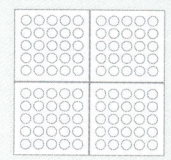

Datum:

33 Wie heißt die Zahl?

39

Datum:

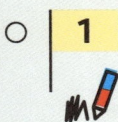

1

| 60 + 20 = ☐ | 10 + 30 = ☐ | 50 + 40 = ☐ |

6Z + 2Z = ☐ Z   1Z + 3Z = ☐   5Z + 4Z = ☐

| 70 + 30 = ☐ | 20 + 50 = ☐ | 10 + 60 = ☐ |

☐ + ☐ = ☐   ☐ + ☐ = ☐   ☐ + ☐ = ☐

Datum:

2

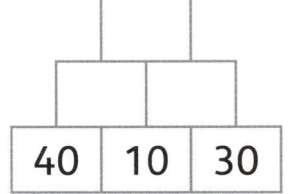
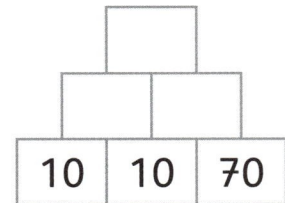

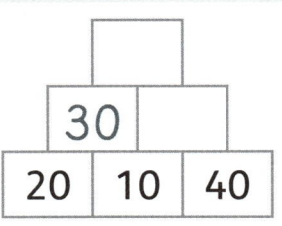
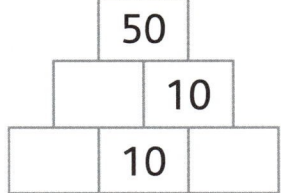
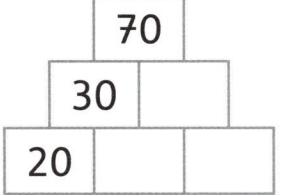

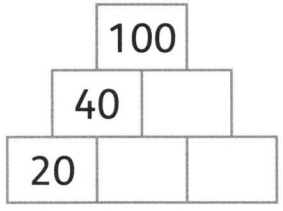
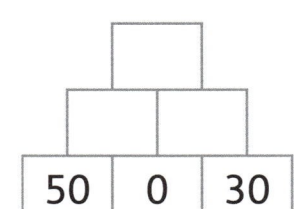
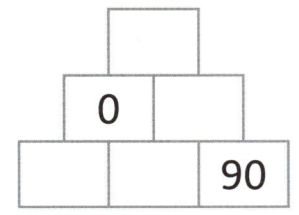

Datum:

3

6 4 + 2 0 = ☐☐   1 6 + 3 0 = ☐☐   5 9 + 4 0 = ☐☐

Datum:

4

2 0 + 3 9 = ☐☐   3 0 + 5 7 = ☐☐   2 0 + 7 5 = ☐☐

Datum:

5

87 + 10 = 97   12 + 70 = ☐   38 + 20 = ☐

23 + 60 = ☐   21 + 10 = ☐   13 + 80 = ☐

15 + 50 = ☐   27 + 50 = ☐   55 + 40 = ☐

26 + 60 = ☐   43 + 50 = ☐   11 + 60 = ☐

35 + 40 = ☐   91 + 0 = ☐   74 + 10 = ☐

Datum:

6

20 + 19 = 39   50 + 48 = ☐   20 + 32 = ☐

40 + 29 = ☐   60 + 14 = ☐   40 + 17 = ☐

80 + 12 = ☐   50 + 49 = ☐   20 + 76 = ☐

50 + 47 = ☐   40 + 44 = ☐   50 + 46 = ☐

10 + 81 = ☐   30 + 37 = ☐   0 + 89 = ☐

Datum:

 **7**

 6 + 3 = ▢

5 6 + 3 = ▢▢

 3 + 6 = ▢

9 3 + 6 = ▢▢

 4 + 5 = ▢

4 4 + 5 = ▢▢

2 + 4 = ▢

6 2 + 4 = ▢▢

Datum:

 **8**

42 + 7 = 49	82 + 6 = ▢	44 + 5 = ▢
0 + 72 = ▢	4 + 43 = ▢	83 + 6 = ▢
8 + 41 = ▢	12 + 6 = ▢	3 + 24 = ▢
14 + 5 = ▢	7 + 81 = ▢	1 + 78 = ▢
86 + 1 = ▢	1 + 53 = ▢	12 + 7 = ▢
3 + 81 = ▢	3 + 16 = ▢	5 + 44 = ▢
23 + 5 = ▢	41 + 5 = ▢	2 + 35 = ▢
11 + 8 = ▢	3 + 34 = ▢	22 + 4 = ▢

□ ▢→ **Arbeitsbuch 2** S. 34/35

Datum:

○ | **9**

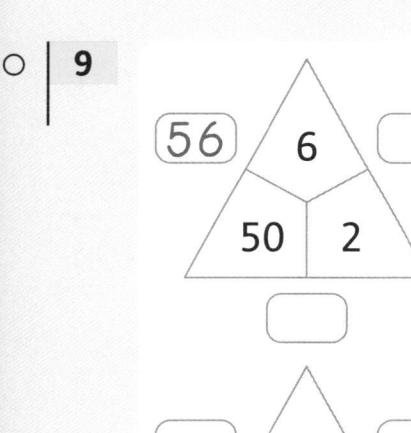
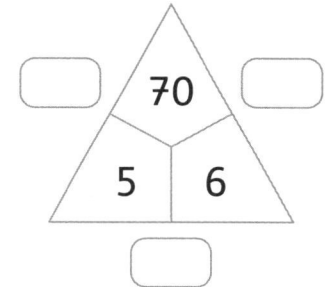
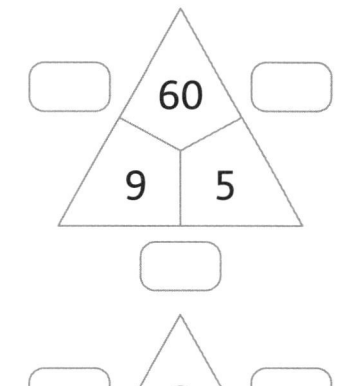

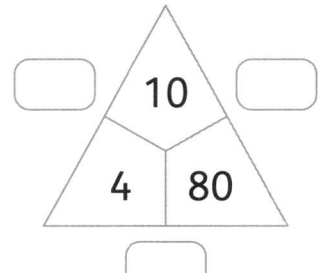
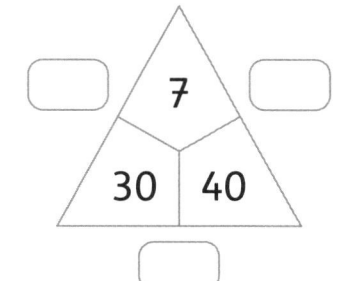
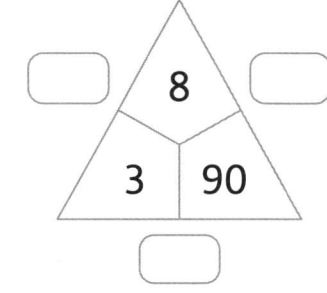

Datum:

 | **10**

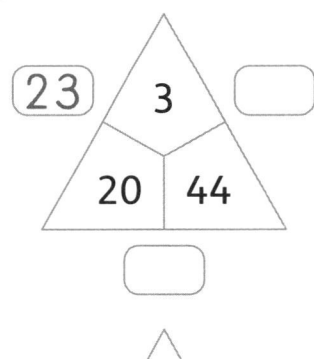
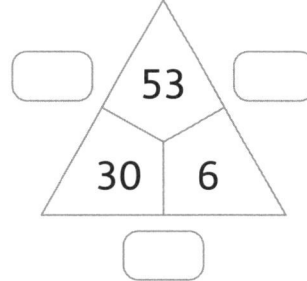
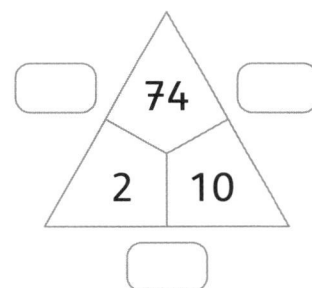

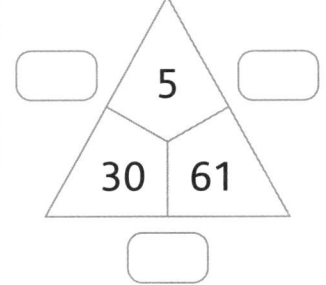
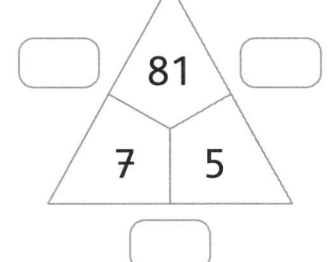
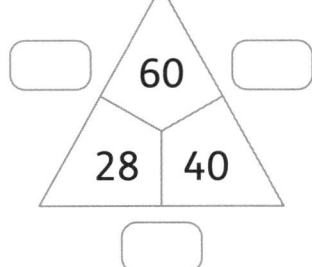

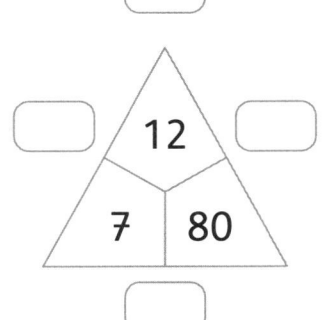
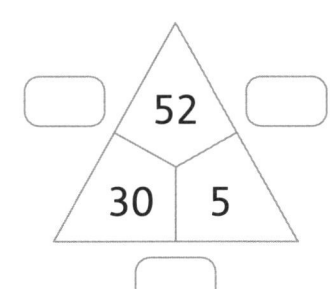
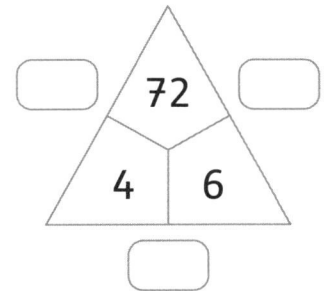

Datum:

11

8 5 + 5 = 9 0   1 4 + ☐ = 2 0   9 6 + ☐ = 1 0 0

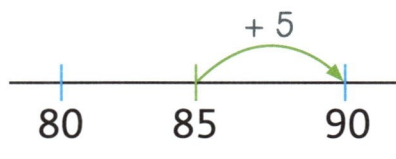

+5

| | | |
80   85   90

| | |
10   14   20

| | |
90   96   100

2 1 + ☐ = 3 0   7 3 + ☐ = 8 0   4 8 + ☐ = 5 0

| | |
20 21   30

| | |
70 73   80

| | |
40   48 50

Datum:

12

5 5 + ☐ = ☐   3 9 + ☐ = ☐   4 8 + ☐ = ☐

+5

| | |
☐ 50   ☐ 55   ☐ 60

5 1 + ☐ = ☐   7 2 + ☐ = ☐   8 3 + ☐ = ☐

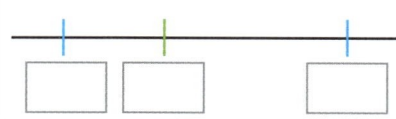      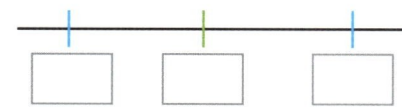

Datum:

13

49 + 1 = 50   36 + ☐ = ☐   78 + ☐ = ☐
67 + ☐ = ☐   12 + ☐ = ☐   92 + ☐ = ☐
52 + ☐ = ☐   89 + ☐ = ☐   46 + ☐ = ☐
24 + ☐ = ☐   91 + ☐ = ☐   28 + ☐ = ☐

Datum:

14

37 + 8 = ☐

57 + 9 = ☐

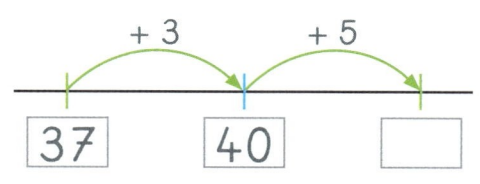

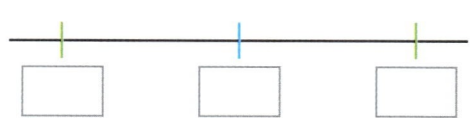

78 + 5 = ☐

87 + 7 = ☐

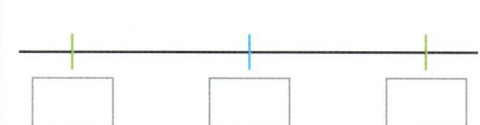

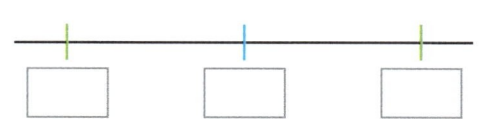

Datum:

15

48 + 7

29 + 4

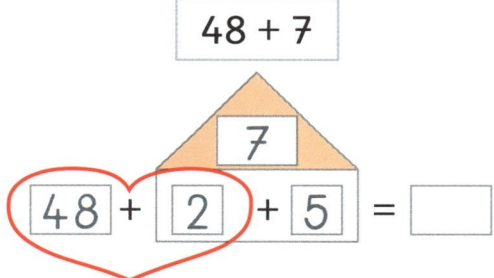

67 + 8

33 + 9

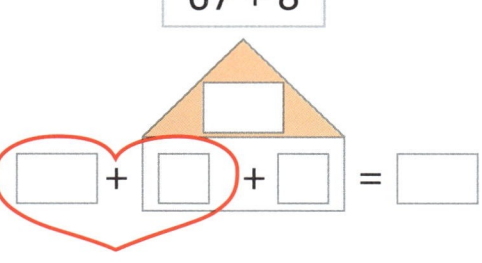

85 + 6

36 + 5

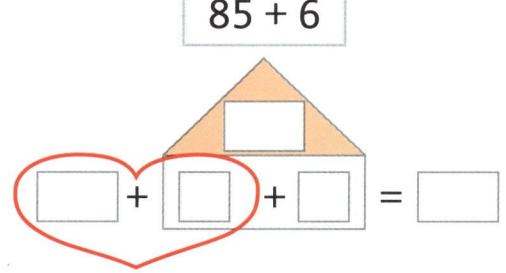

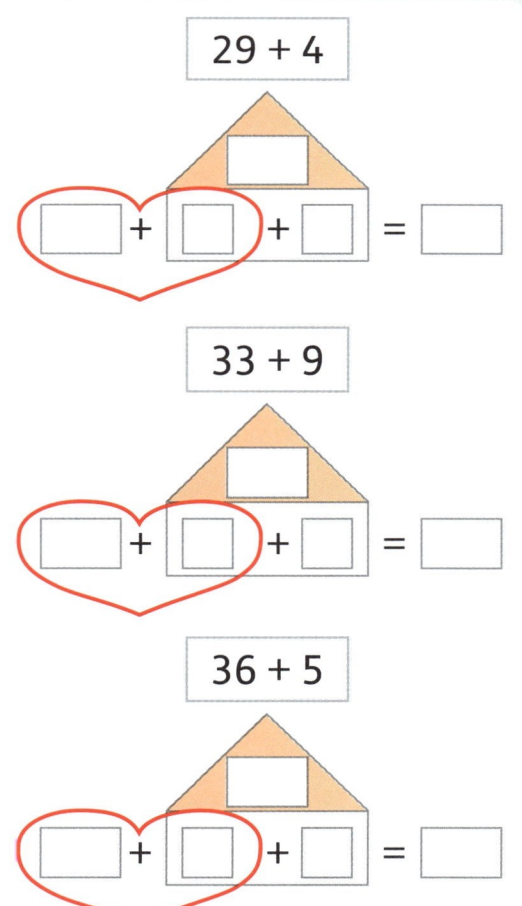

Datum:

16

27 + 6

(27 + 3) + 3 = ☐

86 + 5

(☐ + ☐) + ☐ = ☐

55 + 9

(☐ + ☐) + ☐ = ☐

78 + 4

(☐ + ☐) + ☐ = ☐

69 + 6

(☐ + ☐) + ☐ = ☐

46 + 8

(☐ + ☐) + ☐ = ☐

74 + 7

(☐ + ☐) + ☐ = ☐

35 + 7

(☐ + ☐) + ☐ = ☐

Datum:

17

$87 + 9 = 96$

$36 + 5 =$ ☐

$79 + 4 =$ ☐

$85 + 6 =$ ☐

$69 + 3 =$ ☐

$66 + 5 =$ ☐

$49 + 2 =$ ☐

$24 + 8 =$ ☐

$67 + 4 =$ ☐

$68 + 7 =$ ☐

$57 + 5 =$ ☐

$88 + 7 =$ ☐

$58 + 5 =$ ☐

$29 + 2 =$ ☐

$74 + 0 =$ ☐

$38 + 3 =$ ☐

$59 + 8 =$ ☐

$75 + 6 =$ ☐

$76 + 7 =$ ☐

$37 + 4 =$ ☐

$19 + 7 =$ ☐

$44 + 9 =$ ☐

$39 + 2 =$ ☐

$54 + 9 =$ ☐

□ ▯→ **Arbeitsbuch 2** S. 40

Datum:

18

48 + 9 = ☐

67 + 9 = ☐

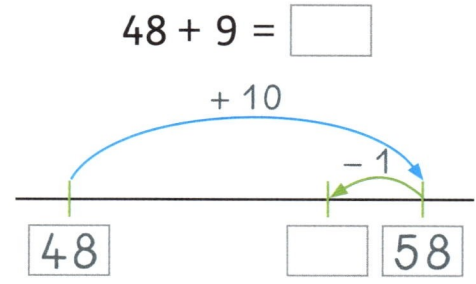

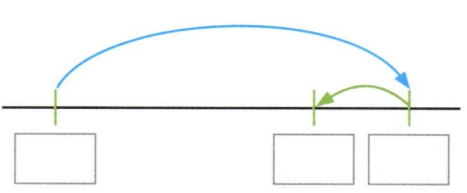

25 + 9 = ☐

76 + 9 = ☐

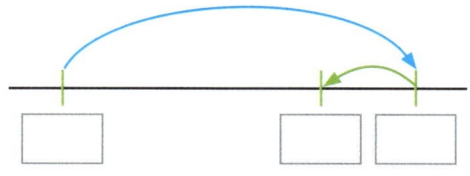

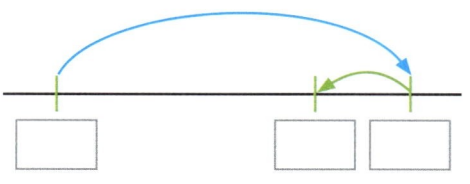

39 + 9 = ☐

53 + 9 = ☐

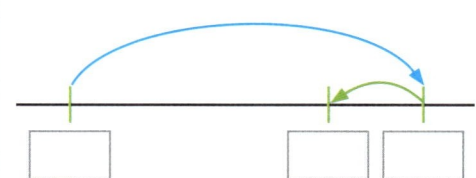

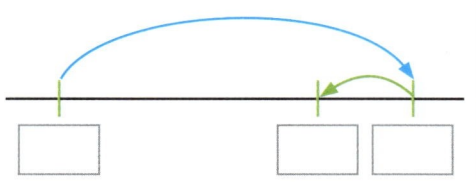

Datum:

19

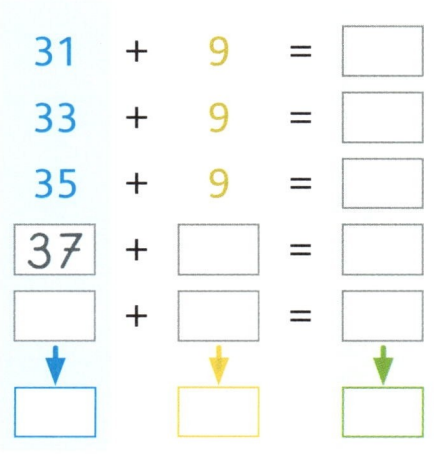

31	+	9	=	☐
33	+	9	=	☐
35	+	9	=	☐
37	+	☐	=	☐
☐	+	☐	=	☐

89	+	9	=	☐
87	+	9	=	☐
85	+	9	=	☐
☐	+	☐	=	☐
☐	+	☐	=	☐

☐ ▭→ **Arbeitsbuch 2** S. 41

Datum:

20 Rechne geschickt.

78 — +6 — +2 = ☐　　　31 — +9 — +8 = ☐

69 — +9 — +1 = ☐　　　73 — +6 — +4 = ☐

53 — +7 — +6 = ☐　　　41 — +6 — +9 = ☐

41 — +5 — +9 = ☐　　　33 — +7 — +6 = ☐

82 — +8 — +5 = ☐　　　64 — +9 — +1 = ☐

Datum:

21

+	2	1	3
48	50		
89			
57			

+	4	3	2
77			
68			
86			

+	4	5	3
37			
26			
45			

+	6	7	8
52			
23			
84			

Datum:

22

76	+ 0	= ☐
75	+ 2	= ☐
74	+ 4	= ☐
73	+ ☐	= ☐
☐	+ ☐	= ☐
⬇	⬇	⬇
☐	☐	☐

42	+ 9	= ☐
53	+ 9	= ☐
64	+ 9	= ☐
☐	+ ☐	= ☐
☐	+ ☐	= ☐
⬇	⬇	⬇
☐	☐	☐

Zwerg
und Riese

Tausch-
aufgabe

Zuerst
zum Zehner

9er-Trick

38	+ 7	= ☐
38	+ 6	= ☐
38	+ 5	= ☐
☐	+ ☐	= ☐
☐	+ ☐	= ☐
⬇	⬇	⬇
☐	☐	☐

8	+ 61	= ☐
7	+ 52	= ☐
6	+ 43	= ☐
☐	+ ☐	= ☐
☐	+ ☐	= ☐
⬇	⬇	⬇
☐	☐	☐

Datum:

23

24 + 9	67 + 3	35 + 5
31 + 6	42 + 8	91 + 9
92 + 4	43 + 5	65 + 8
74 + 6	59 + 3	26 + 5
87 + 7	56 + 3	75 + 4

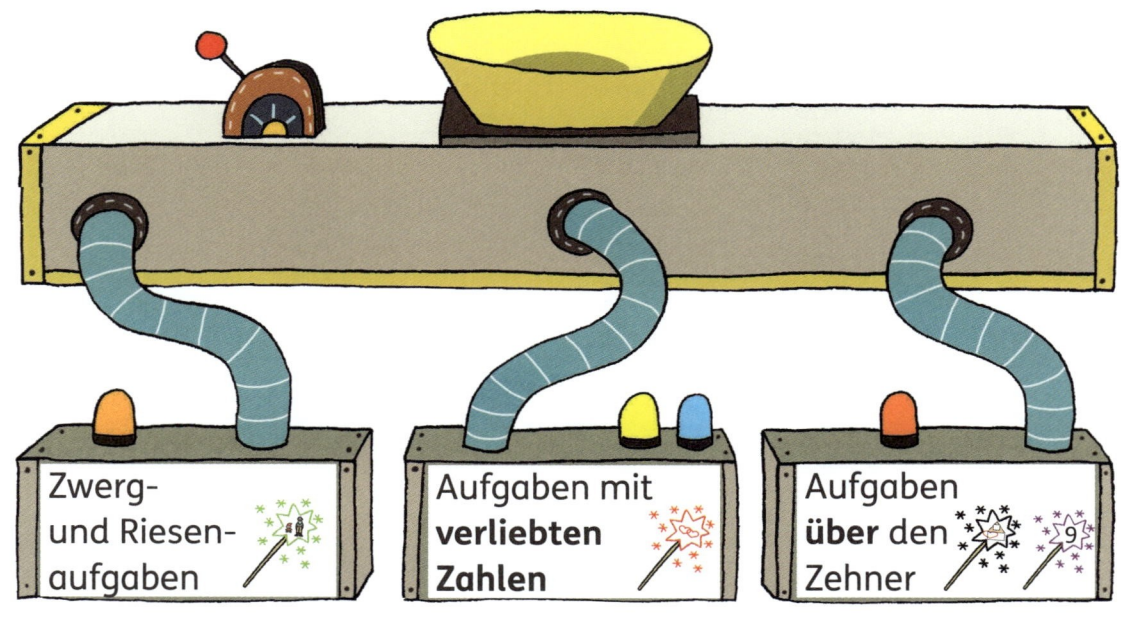

Zwerg- und Riesenaufgaben

Aufgaben mit **verliebten Zahlen**

Aufgaben **über** den Zehner

24 + 9 =

Datum:

○ | **24** Rechne mit deinem Rechenweg.

6 4 + 2 3 =

5 6 + 2 2 =

2 5 + 2 3 =

4 5 + 3 3 =

2 1 + 6 3 =

6 2 + 3 7 =

Datum:

○ | **25** Rechne mit deinem Rechenweg.

7 1 + 2 4 =

4 2 + 2 7 =

1 3 + 7 4 =

8 6 + 1 2 =

5 4 + 1 5 =

3 4 + 4 3 =

□ ▣→ **Arbeitsbuch 2** S. 47

31

Datum:

26 Rechne mit deinem Rechenweg.

$6\ 4 + 2\ 7 =$

$7\ 5 + 1\ 9 =$

$4\ 6 + 2\ 8 =$

$4\ 8 + 2\ 3 =$

$3\ 6 + 5\ 9 =$

$6\ 7 + 2\ 6 =$

Datum:

27 Rechne mit deinem Rechenweg.

$3\ 7 + 5\ 5 =$

$3\ 9 + 5\ 3 =$

$1\ 6 + 4\ 5 =$

$5\ 7 + 2\ 5 =$

$7\ 3 + 1\ 8 =$

$2\ 4 + 6\ 9 =$

Datum:

 **28**

$48 + 19 = \boxed{}$

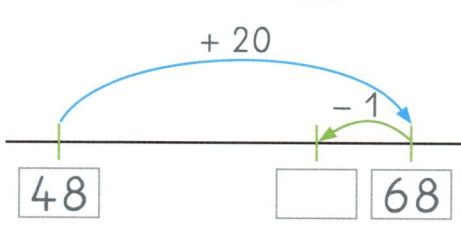

$67 + 19 = \boxed{}$

$62 + 29 = \boxed{}$

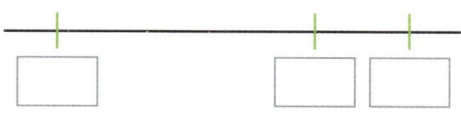

$56 + 29 = \boxed{}$

$25 + 39 = \boxed{}$

$34 + 39 = \boxed{}$

Datum:

29

$79 \;+\; 19 \;=\; \boxed{}$

$78 \;+\; 19 \;=\; \boxed{}$

$77 \;+\; 19 \;=\; \boxed{}$

$\boxed{76} \;+\; \boxed{} \;=\; \boxed{}$

$\boxed{} \;+\; \boxed{} \;=\; \boxed{}$

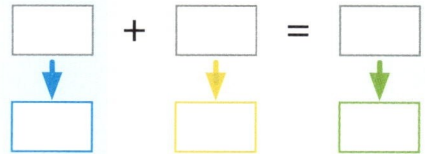

$32 \;+\; 49 \;=\; \boxed{}$

$34 \;+\; 39 \;=\; \boxed{}$

$36 \;+\; 29 \;=\; \boxed{}$

$\boxed{} \;+\; \boxed{} \;=\; \boxed{}$

$\boxed{} \;+\; \boxed{} \;=\; \boxed{}$

Datum:

30

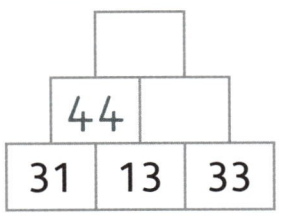

31 | 13 | 33

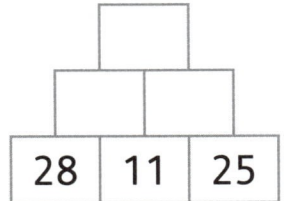

28 | 11 | 25

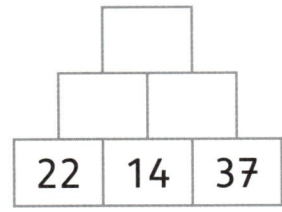

22 | 14 | 37

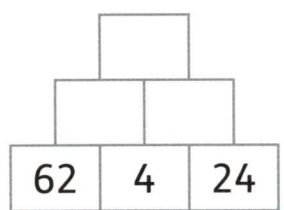

62 | 4 | 24

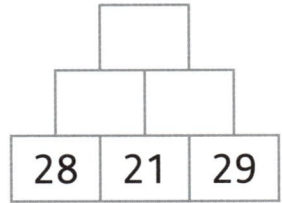

28 | 21 | 29

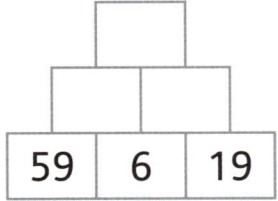

59 | 6 | 19

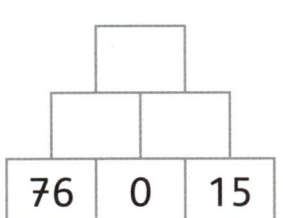

76 | 0 | 15

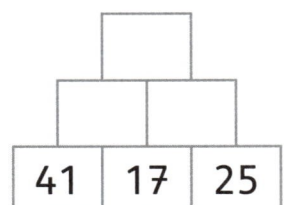

41 | 17 | 25

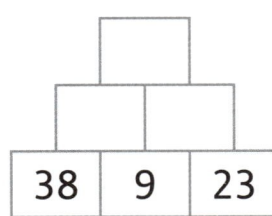

38 | 9 | 23

Datum:

31

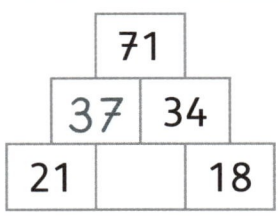

71 / 37 | 34 / 21 | | 18

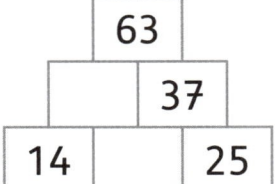

63 / 37 / 14 | | 25

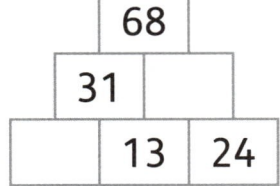

68 / 31 / | 13 | 24

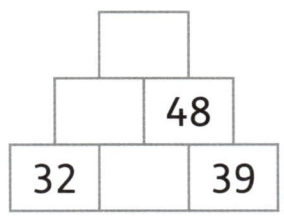

48 / 32 | | 39

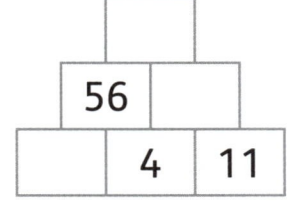

56 / | 4 | 11

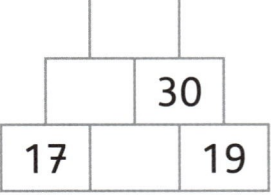

30 / 17 | | 19

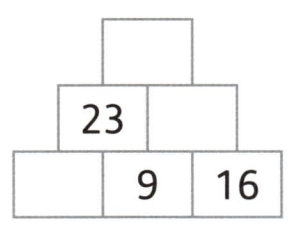

23 / | 9 | 16

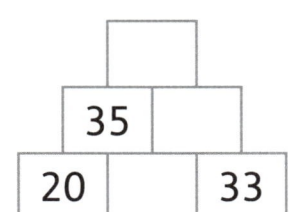

35 / 20 | | 33

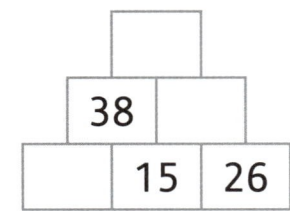

38 / | 15 | 26

☐ ▢→ **Arbeitsbuch 2** S. 51

ZE + ZE

Datum:

○ **32**

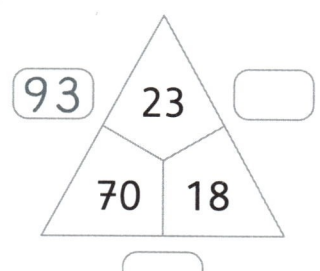
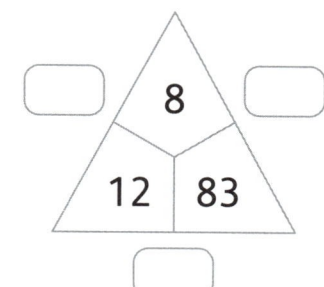
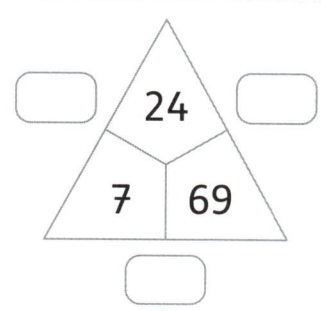

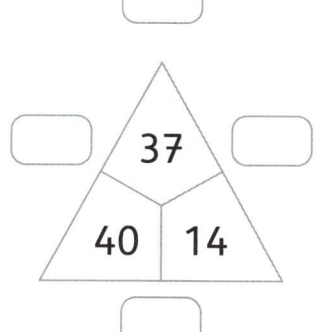
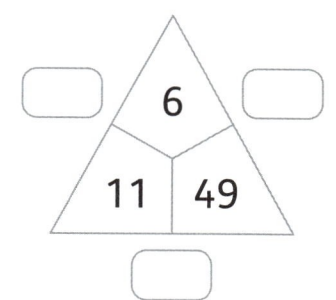
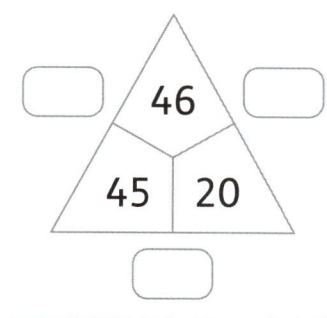

Datum:

○ **33**

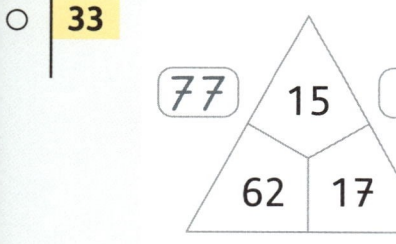
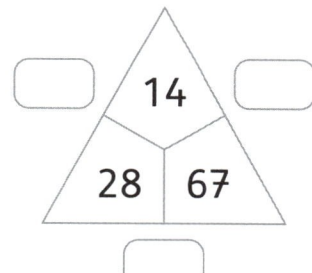
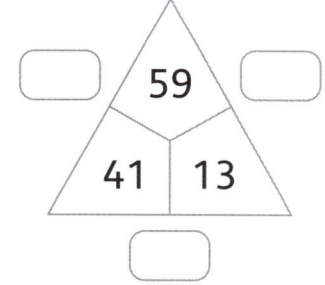

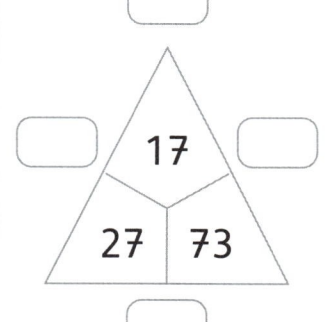
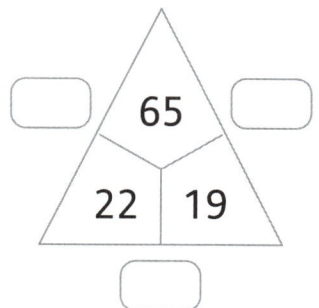
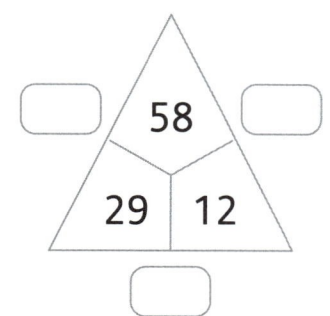

Datum:

○ **34**

Zahl	21	32	43	22	31	44	23	34
das Doppelte	42							

□ □→ **Arbeitsbuch 2** S. 52

Datum:

35 Welche Stelle ändert sich? Nur der Einer? Nur der Zehner?
Einer und Zehner? Überlege zuerst, rechne dann.

Z	E				Z	E		
☐	X	42 + 6 =	48		☐	☐	27 + 52 =	☐
☐	☐	51 + 30 =	☐		☐	☐	68 + 30 =	☐
☐	☐	74 + 8 =	☐		☐	☐	36 + 44 =	☐

Datum:

36

Ich denke mir die 62.
Ich rechne 29 dazu.
Meine Zahl heißt _____ .

Ich rechne zu 48 die
Zahl 6 dazu.
Meine Zahl heißt _____ .

Ich denke mir die 48.
Ich rechne 39 dazu.
Meine Zahl heißt _____ .

Ich verdopple die 36.
Meine Zahl heißt _____ .

Ich verdopple die 16.
Meine Zahl heißt _____ .

100

Datum:

37

84 + [   ] = 100

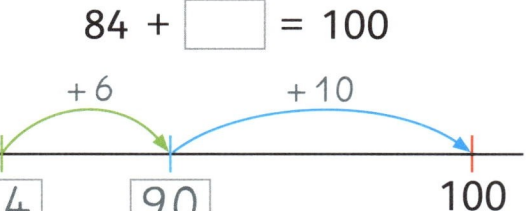

+6   +10

| 84 | | 90 | 100

68 + [   ] = 100

[   ] [   ]   100

72 + [   ] = 100

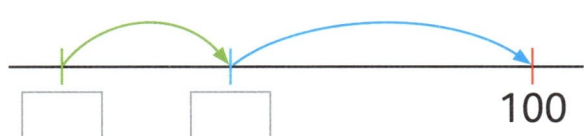

[   ] [   ]   100

46 + [   ] = 100

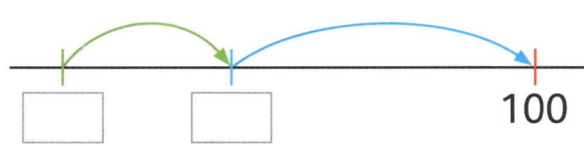

[   ] [   ]   100

55 + [   ] = 100

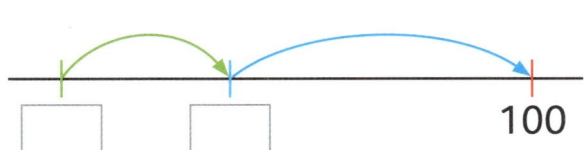

[   ] [   ]   100

23 + [   ] = 100

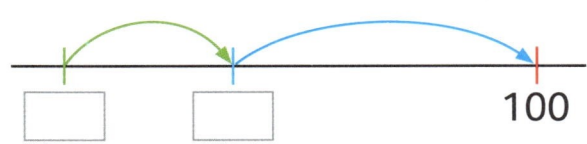

[   ] [   ]   100

Datum:

38

94 + [6] = 100	49 + [ ] = 100	71 + [ ] = 100
86 + [ ] = 100	98 + [ ] = 100	83 + [ ] = 100
78 + [ ] = 100	53 + [ ] = 100	64 + [ ] = 100
51 + [ ] = 100	31 + [ ] = 100	56 + [ ] = 100

39 + [ ] = 100	43 + [ ] = 100	47 + [ ] = 100
15 + [ ] = 100	34 + [ ] = 100	28 + [ ] = 100
38 + [ ] = 100	12 + [ ] = 100	36 + [ ] = 100
7 + [ ] = 100	25 + [ ] = 100	100 + [ ] = 100

□ ⊡→ **Arbeitsbuch 2** S. 54

Datum:

1

$\boxed{6\ 0}$ − $\boxed{2\ 0}$ = $\boxed{}$ $\boxed{5\ 0}$ − $\boxed{3\ 0}$ = $\boxed{}$ $\boxed{7\ 0}$ − $\boxed{4\ 0}$ = $\boxed{}$

6Z − 2Z = $\boxed{\ Z\ }$ 5Z − 3Z = $\boxed{}$ 7Z − 4Z = $\boxed{}$

$\boxed{5\ 0}$ − $\boxed{3\ 0}$ = $\boxed{}$ $\boxed{8\ 0}$ − $\boxed{1\ 0}$ = $\boxed{}$ $\boxed{9\ 0}$ − $\boxed{2\ 0}$ = $\boxed{}$

$\boxed{}$ − $\boxed{}$ = $\boxed{}$ $\boxed{}$ − $\boxed{}$ = $\boxed{}$ $\boxed{}$ − $\boxed{}$ = $\boxed{}$

Datum:

2 Olivia und Valerio sammeln Tiersticker.
Damit das Album voll wird,
brauchen sie 80 Tiersticker.
Wie viele Tiersticker fehlen ihnen noch?

Olivia		Valerio	
eingeklebte Tiersticker	fehlende Tiersticker	eingeklebte Tiersticker	fehlende Tiersticker
0	80	20	
10		40	
30		50	
60		70	

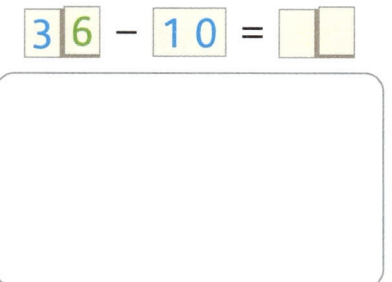

Datum:

 **3**

$6\boxed{4} - \boxed{2\,0} =$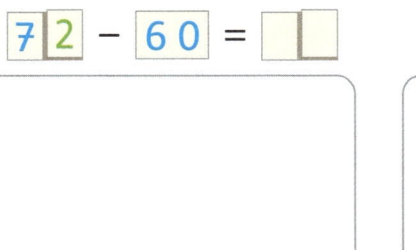

$3\boxed{6} - \boxed{1\,0} =$

$5\boxed{3} - \boxed{2\,0} =$

$\boxed{7}2 - \boxed{6\,0} =$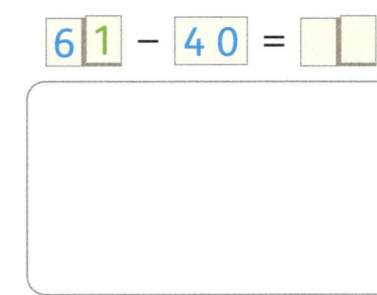

$9\boxed{8} - \boxed{7\,0} =$

$6\boxed{1} - \boxed{4\,0} =$

$8\boxed{9} - \boxed{3\,0} =$

$4\boxed{7} - \boxed{4\,0} =$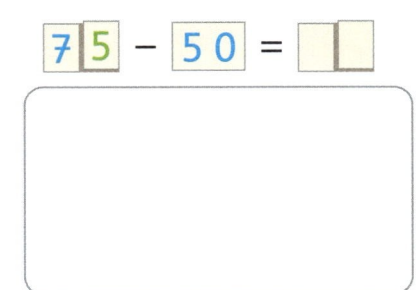

$\boxed{7}5 - \boxed{5\,0} =$

Datum:

 4

$94 - 60 = \boxed{34}$ $91 - 90 = \boxed{}$ $83 - 10 = \boxed{}$

$66 - 40 = \boxed{}$ $64 - 50 = \boxed{}$ $54 - 50 = \boxed{}$

$86 - 80 = \boxed{}$ $96 - 80 = \boxed{}$ $26 - 10 = \boxed{}$

$35 - 20 = \boxed{}$ $74 - 70 = \boxed{}$ $82 - 30 = \boxed{}$

$55 - 20 = \boxed{}$ $78 - 40 = \boxed{}$ $61 - 40 = \boxed{}$

$21 - 10 = \boxed{}$ $34 - 30 = \boxed{}$ $79 - 50 = \boxed{}$

$98 - 90 = \boxed{}$ $56 - 40 = \boxed{}$ $63 - 50 = \boxed{}$

$84 - 50 = \boxed{}$ $87 - 80 = \boxed{}$ $89 - 30 = \boxed{}$

□ ⬜→ **Arbeitsbuch 2** S. 58/59

Datum:

 **5**

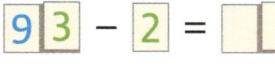 $3 - 2 = \square$

$9\,3 - 2 = \square\square$

$6 - 4 = \square$

$3\,6 - 4 = \square\square$

$\square - \square = \square$

$4\,9 - 8 = \square\square$

 $8 - 5 = \square$

$2\,8 - 5 = \square\square$

$5 - 3 = \square$

$8\,5 - 3 = \square\square$

$\square - \square = \square$

$7\,7 - 6 = \square\square$

Datum:

 6

$29 - 3 = \boxed{26}$ $84 - 2 = \square$ $99 - 7 = \square$

$95 - 2 = \square$ $59 - 8 = \square$ $72 - 0 = \square$

$48 - 6 = \square$ $78 - 1 = \square$ $85 - 3 = \square$

$39 - 4 = \square$ $67 - 6 = \square$ $56 - 5 = \square$

Datum:

7

$\boxed{9}\boxed{8} - \boxed{8} = \boxed{9\,0}$ $\boxed{2}\boxed{4} - \boxed{} = \boxed{2\,0}$ $\boxed{6}\boxed{9} - \boxed{} = \boxed{6\,0}$

– 8

90   98 100   20   24   30   60   69 70

$\boxed{3}\boxed{6} - \boxed{} = \boxed{3\,0}$ $\boxed{7}\boxed{3} - \boxed{} = \boxed{7\,0}$ $\boxed{4}\boxed{7} - \boxed{} = \boxed{4\,0}$

30   36   40   70   73   80   40   47   50

Datum:

8

$\boxed{5}\boxed{5} - \boxed{5} = \boxed{50}$ $\boxed{3}\boxed{9} - \boxed{} = \boxed{}$ $\boxed{4}\boxed{8} - \boxed{} = \boxed{}$

– 5

$\boxed{50}$ $\boxed{55}$ $\boxed{60}$ □   □ □   □   □ □

$\boxed{6}\boxed{1} - \boxed{} = \boxed{}$ $\boxed{7}\boxed{2} - \boxed{} = \boxed{}$ $\boxed{8}\boxed{4} - \boxed{} = \boxed{}$

□ □   □   □ □   □   □ □   □

Datum:

9

45 – $\boxed{5}$ = $\boxed{40}$	37 – □ = □	78 – □ = □
67 – □ = □	12 – □ = □	93 – □ = □
91 – □ = □	89 – □ = □	46 – □ = □
24 – □ = □	52 – □ = □	28 – □ = □

Datum: _____

10

$32 - 6 = \boxed{}$

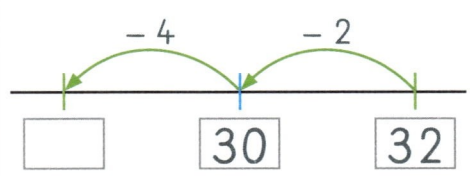

$45 - 6 = \boxed{}$

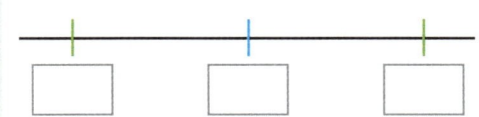

$92 - 9 = \boxed{}$

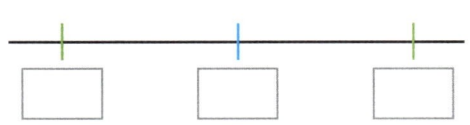

$65 - 7 = \boxed{}$

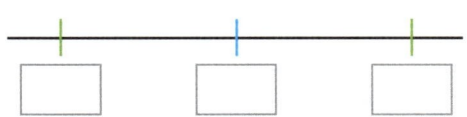

Datum: _____

11

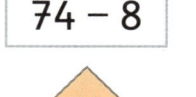

$74 - 8$

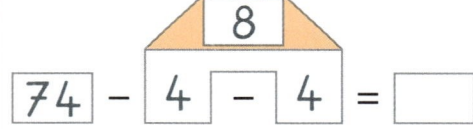

$\boxed{74} - \boxed{4} - \boxed{4} = \boxed{}$

$23 - 7$

$87 - 9$

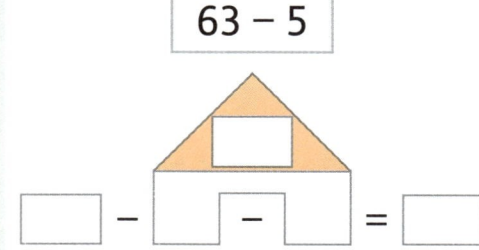

$63 - 5$

$94 - 6$

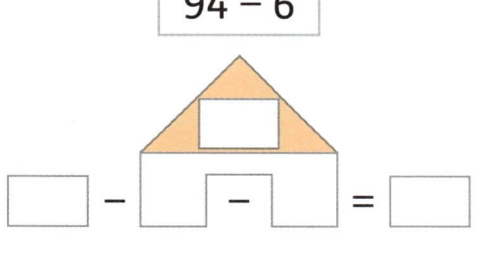

$51 - 4$

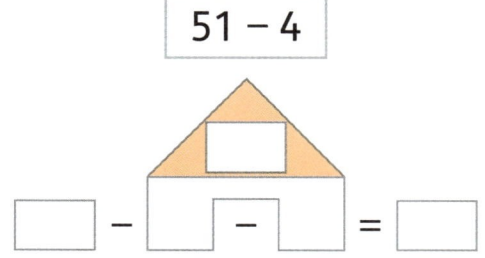

Datum:

12

26 − 7

26 − 6 − 1 = ☐

83 − 5

☐ − ☐ − ☐ = ☐

51 − 9

☐ − ☐ − ☐ = ☐

74 − 6

☐ − ☐ − ☐ = ☐

66 − 8

☐ − ☐ − ☐ = ☐

43 − 4

☐ − ☐ − ☐ = ☐

96 − 7

☐ − ☐ − ☐ = ☐

34 − 8

☐ − ☐ − ☐ = ☐

Datum:

13

86 − 9 = 77   91 − 3 = ☐   84 − 7 = ☐
61 − 4 = ☐   54 − 6 = ☐   42 − 0 = ☐
74 − 5 = ☐   73 − 9 = ☐   55 − 9 = ☐
82 − 3 = ☐   81 − 2 = ☐   34 − 5 = ☐

66 − 7 = ☐   97 − 8 = ☐   83 − 7 = ☐
93 − 8 = ☐   21 − 2 = ☐   94 − 4 = ☐
71 − 3 = ☐   62 − 4 = ☐   63 − 7 = ☐
65 − 8 = ☐   85 − 7 = ☐   51 − 2 = ☐

☐ ▢→ **Arbeitsbuch 2** S. 64

Datum:

○ **14**

43 – 9 = ☐   67 – 9 = ☐

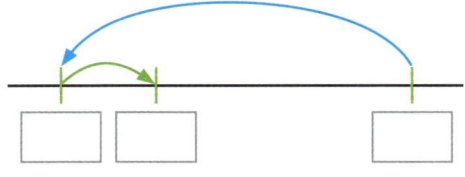

33 ☐   43

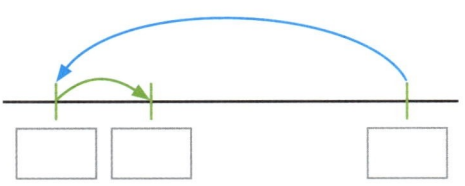

25 – 9 = ☐   76 – 9 = ☐

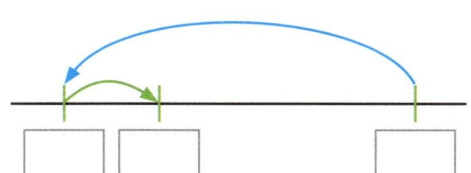

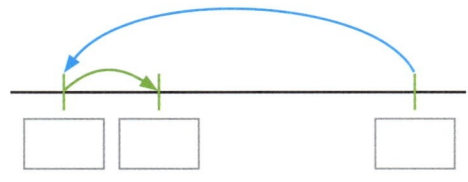

32 – 9 = ☐   53 – 9 = ☐

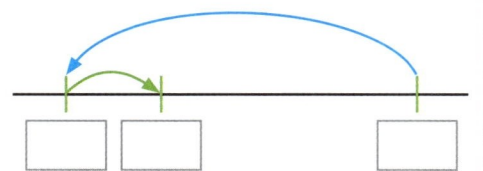

Datum:

◐ **15**

61	–	9	=	☐
63	–	9	=	☐
65	–	9	=	☐
67	–	☐	=	☐
☐	–	☐	=	☐

☐   ☐   ☐

75	–	9	=	☐
66	–	9	=	☐
57	–	9	=	☐
☐	–	☐	=	☐
☐	–	☐	=	☐

☐   ☐   ☐

Datum:

16 Rechne geschickt.

25 —(−3)—(−5) = ☐   76 —(−6)—(−8) = ☐

45 —(−2)—(−5) = ☐   53 —(−3)—(−8) = ☐

56 —(−4)—(−6) = ☐   84 —(−7)—(−4) = ☐

34 —(−3)—(−4) = ☐   67 —(−7)—(−9) = ☐

93 —(−5)—(−3) = ☐   74 —(−6)—(−4) = ☐

Datum:

17

−	2	1	3
42	40		
81			
53			

−	4	3	5
73			
84			
95			

−	4	6	3
35			
63			
24			

−	7	9	8
59			
77			
68			

☐ ☐→ **Arbeitsbuch 2** S. 67

18

11	– 9	=
31	– 9	=
51	– 9	=
71	–	=
	–	=
↓	↓	↓

95	– 2	=
86	– 3	=
77	– 4	=
	–	=
	–	=
↓	↓	↓

Zwerg
und Riese

Zurück
zum Zehner

9er-Trick

57	– 8	=
56	– 7	=
55	– 6	=
	–	=
	–	=
↓	↓	↓

23	– 9	=
24	– 9	=
25	– 9	=
	–	=
	–	=
↓	↓	↓

Datum:

19

~~56 – 3~~	38 – 6	67 – 7
95 – 4	43 – 3	65 – 8
62 – 5	91 – 9	74 – 2
56 – 6	23 – 8	84 – 4
87 – 5	79 – 9	35 – 7

Zwerg- und Riesenaufgaben

Zurück zum Zehner

Aufgaben **unter** den Zehner

56 – 3 =		

Datum:

20 Rechne mit deinem Rechenweg.

$45 - 33 =$

$63 - 21 =$

$44 - 12 =$

$87 - 34 =$

$56 - 43 =$

$79 - 57 =$

Datum:

21 Rechne mit deinem Rechenweg.

$59 - 32 =$

$97 - 55 =$

$66 - 41 =$

$38 - 14 =$

$76 - 35 =$

$99 - 68 =$

Datum:

○ **22** Schreibe den Rechenweg auf.

6 4 – 2 7 =

7 5 – 1 9 =

6 6 – 2 8 =

4 3 – 2 4 =

5 6 – 3 9 =

5 5 – 3 7 =

Datum:

○ **23** Schreibe den Rechenweg auf.

6 2 – 2 9 =

6 1 – 2 3 =

7 3 – 4 7 =

8 2 – 5 3 =

9 4 – 4 8 =

8 1 – 5 4 =

□ 🗐→ **Arbeitsbuch 2** S. 73

Datum:

○ **24**

$48 - 19 = \boxed{}$

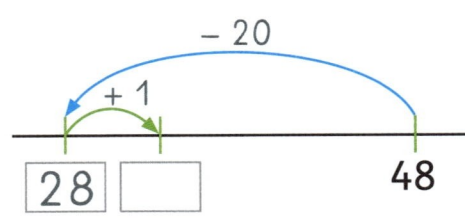

$34 - 19 = \boxed{}$

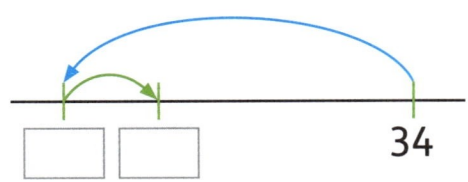

$72 - 29 = \boxed{}$

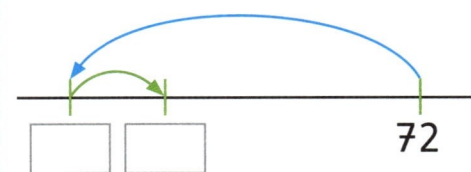

$56 - 29 = \boxed{}$

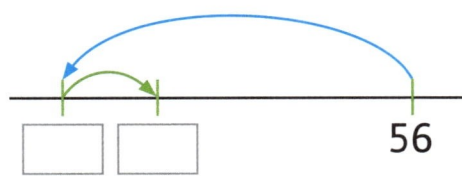

Datum:

○ **25**

$85 - 39 = \boxed{}$

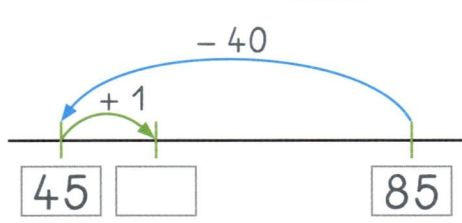

$91 - 49 = \boxed{}$

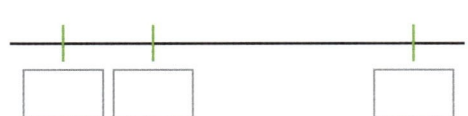

$67 - 39 = \boxed{}$

$38 - 29 = \boxed{}$

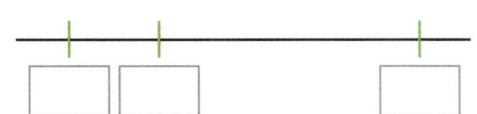

□ □→ **Arbeitsbuch 2** S. 74

Datum:

26

79 – 19 = ☐		82 – 49 = ☐
78 – 19 = ☐		84 – 39 = ☐
77 – 19 = ☐		86 – 29 = ☐
76 – ☐ = ☐		☐ – ☐ = ☐
☐ – ☐ = ☐		☐ – ☐ = ☐
↓ ↓ ↓		↓ ↓ ↓
☐ ☐ ☐		☐ ☐ ☐

56 – 9 = ☐		64 – 59 = ☐
56 – 19 = ☐		73 – 49 = ☐
56 – 29 = ☐		82 – 39 = ☐
☐ – ☐ = ☐		☐ – ☐ = ☐
☐ – ☐ = ☐		☐ – ☐ = ☐
↓ ↓ ↓		↓ ↓ ↓
☐ ☐ ☐		☐ ☐ ☐

Datum:

27

Zahl	24	46	68	28	42	86	32	52
die Hälfte	12							

Zahl	10	72	64	92	56	88	74	36
die Hälfte								

☐ ☐ → **Arbeitsbuch 2** S. 75

Datum:

28

×✏

89 – 87 Die Zahlen sind ☒ nah beieinander.
☐ weit auseinander.

75 – 31 Die Zahlen sind ☐ nah beieinander.
☐ weit auseinander.

62 – 59 Die Zahlen sind ☐ nah beieinander.
☐ weit auseinander.

56 – 23 Die Zahlen sind ☐ nah beieinander.
☐ weit auseinander.

Datum:

29

×✏

Kreuze die Aufgaben an, die du durch Ergänzen löst.

☒ 31 – 28   ☐ 67 – 65   ☐ 28 – 18
☐ 65 – 19   ☐ 56 – 21   ☐ 39 – 37
☐ 34 – 31   ☐ 89 – 24   ☐ 72 – 68
☐ 92 – 88   ☐ 56 – 53   ☐ 97 – 64

Datum:

30

Löse die Aufgaben durch Ergänzen.

61 – 58 = ☐   45 – 43 = ☐   22 – 18 = ☐
☐58☐ + ☐3☐ = ☐61☐   ☐ + ☐ = ☐   ☐ + ☐ = ☐

36 – 33 = ☐   92 – 88 = ☐   56 – 52 = ☐
☐ + ☐ = ☐   ☐ + ☐ = ☐   ☐ + ☐ = ☐

63 – 59 = ☐   41 – 39 = ☐   76 – 74 = ☐
☐ + ☐ = ☐   ☐ + ☐ = ☐   ☐ + ☐ = ☐

ZE – ZE

○ **31**

–	5	40	45
67	62		
57			
87			

Datum:

–	30	34	64
69			
86			
75			

Datum:

◐ **32**

–	17	58	49
65	48		
84			
76			

–	63	26	54
92			
73			
81			

Datum:

◐ **33**

Opa ist 72 Jahre alt. Konrad ist 65 Jahre jünger.

Frage: _____

Lösung:

Antwort: _____

Opa, Konrad und Marla sind zusammen 89 Jahre alt.

Frage: _____

Lösung:

Antwort: _____

□ ▯→ Arbeitsbuch 2 S. 77

53

Datum:

34 Welche Stelle ändert sich? Nur der Einer? Nur der Zehner?
Einer und Zehner? Überlege zuerst, rechne dann.

Z E

Z	E		
	X	46 − 2 =	44
		51 − 30 =	
		74 − 8 =	

Z E

Z	E		
		52 − 27 =	
		98 − 6 =	
		85 − 44 =	

Datum:

35

Von der Zahl 64 nehme ich 28 weg. Meine Zahl heißt _____ .

Welche Zahl muss ich von 83 wegnehmen, um 50 zu erhalten? Meine Zahl heißt _____ .

Welche Zahl muss ich von 39 wegnehmen, um 10 zu erhalten? Meine Zahl heißt _____ .

Ich halbiere die Zahl 82. Meine Zahl heißt _____ .

Von der Zahl 56 nehme ich 47 weg. Meine Zahl heißt _____ .

Datum:

36

$42 + 38 =$ ____
$38 +$ ____ $=$ ____
____ $-$ ____ $=$ ____
____ $-$ ____ $=$ ____

____ $+$ ____ $=$ ____
____ $+$ ____ $=$ ____
____ $-$ ____ $=$ ____
____ $-$ ____ $=$ ____

____ $+$ ____ $=$ ____
____ $+$ ____ $=$ ____
____ $-$ ____ $=$ ____
____ $-$ ____ $=$ ____

____ $+$ ____ $=$ ____
____ $+$ ____ $=$ ____
____ $-$ ____ $=$ ____
____ $-$ ____ $=$ ____

____ $+$ ____ $=$ ____
____ $+$ ____ $=$ ____
____ $-$ ____ $=$ ____
____ $-$ ____ $=$ ____

____ $+$ ____ $=$ ____
____ $+$ ____ $=$ ____
____ $-$ ____ $=$ ____
____ $-$ ____ $=$ ____

____ $+$ ____ $=$ ____
____ $+$ ____ $=$ ____
____ $-$ ____ $=$ ____
____ $-$ ____ $=$ ____

____ $+$ ____ $=$ ____
____ $+$ ____ $=$ ____
____ $-$ ____ $=$ ____
____ $-$ ____ $=$ ____

____ $+$ ____ $=$ ____
____ $+$ ____ $=$ ____
____ $-$ ____ $=$ ____
____ $-$ ____ $=$ ____

Datum:

37

> <

71 + 4 ⊖> 70   51 + 14 ◯ 60   45 + 9 ◯ 55
32 + 6 ◯ 40   23 + 23 ◯ 50   38 + 19 ◯ 61
43 + 5 ◯ 50   82 + 18 ◯ 90   52 + 39 ◯ 82

75 – 4 ◯ 70   76 – 52 ◯ 20   91 – 9 ◯ 81
89 – 8 ◯ 90   64 – 32 ◯ 40   83 – 19 ◯ 66
43 – 0 ◯ 40   58 – 25 ◯ 20   55 – 39 ◯ 17

Datum:

38

Kreise alle passenden Zahlen ein.

43 + ☐ < 50   61 + ☐ > 64

①②③④⑤⑥ 7 8 9 10   1 2 3 4 5 6 7 8 9 10

87 – ☐ < 85   92 – ☐ > 87

1 2 3 4 5 6 7 8 9 10   1 2 3 4 5 6 7 8 9 10

74 + ☐ < 81   35 – ☐ < 29

1 2 3 4 5 6 7 8 9 10   1 2 3 4 5 6 7 8 9 10

Datum:

39

32 + 5 < 38   67 + ☐ < 70   83 + ☐ > 90
65 – ☐ < 61   95 – ☐ > 91   61 + ☐ < 70
78 – ☐ > 70   27 + ☐ > 31   48 – ☐ < 40

Plus und minus

Datum:

○ **40**

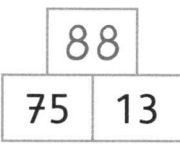 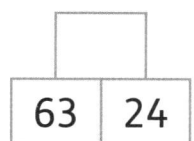 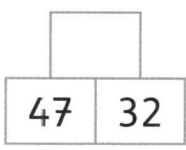 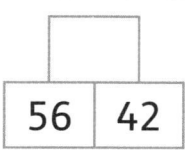

88 / 75 · 13   □ / 63 · 24   □ / 47 · 32   □ / 56 · 42

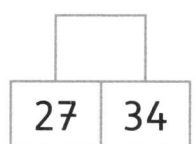 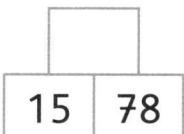 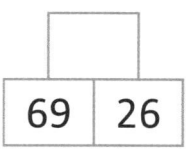

□ / 27 · 34   □ / 35 · 49   □ / 15 · 78   □ / 69 · 26

Datum:

○ **41**

90 / 20 · 70   50 / □ · 24   80 / □ · 42   100 / □ · 92

70 / □ · 57   30 / □ · 19   90 / □ · 73   60 / □ · 7

100 / □ · 65   50 / □ · 29   40 / □ · 18   100 / □ · 81

Datum:

◑ **42**

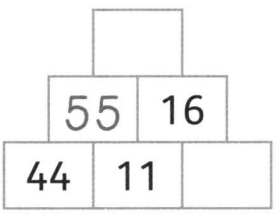 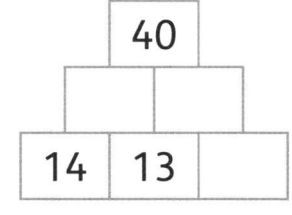 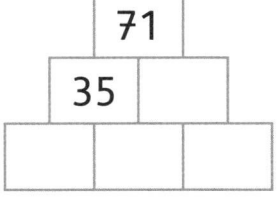

□ / 55 · 16 / 44 · 11 · □   40 / □ · □ / 14 · 13 · □   71 / 35 · □ / □ · □ · □

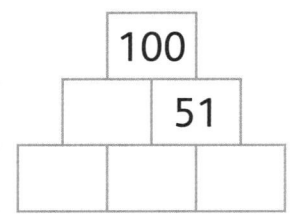 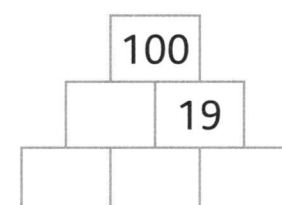 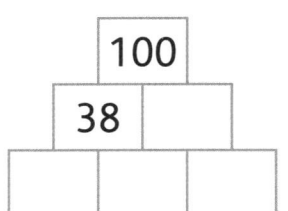

100 / □ · 51 / □ · □ · □   100 / □ · 19 / □ · □ · □   100 / 38 · □ / □ · □ · □

□ 🖽→ **Arbeitsbuch 2** S. 82

57

Von plus zu mal

Datum:

1

$6 + 6 + 6 + 6 + 6 = \boxed{}$
$5 \cdot 6 = \boxed{}$

$\boxed{} + \boxed{} + \boxed{} = \boxed{}$
$\boxed{} \cdot \boxed{} = \boxed{}$

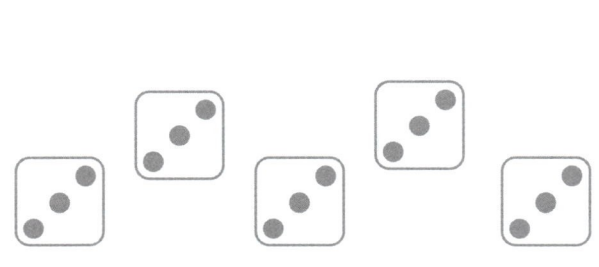

$\boxed{} + \boxed{} + \boxed{} + \boxed{} + \boxed{} = \boxed{}$
$\boxed{} \cdot \boxed{} = \boxed{}$

$\boxed{} + \boxed{} + \boxed{} + \boxed{} = \boxed{}$
$\boxed{} \cdot \boxed{} = \boxed{}$

Datum:

2  Male das passende Würfelbild und schreibe die Malaufgabe.

$2 + 2 + 2 + 2 = \boxed{}$
$4 \cdot 2 = \boxed{}$

$6 + 6 + 6 = \boxed{}$
$\boxed{} \cdot \boxed{} = \boxed{}$

$5 + 5 = \boxed{}$
$\boxed{} \cdot \boxed{} = \boxed{}$

$1 + 1 + 1 + 1 + 1 = \boxed{}$
$\boxed{} \cdot \boxed{} = \boxed{}$

Von plus zu mal

Datum:

3

6 + 6 + 6 = ☐

☐ · ☐ = ☐

☐ + ☐ = ☐

☐ · ☐ = ☐

☐ + ☐ + ☐ + ☐ + ☐ = ☐

☐ · ☐ = ☐

☐ + ☐ + ☐ + ☐ = ☐

☐ · ☐ = ☐

☐ + ☐ + ☐ = ☐

☐ · ☐ = ☐

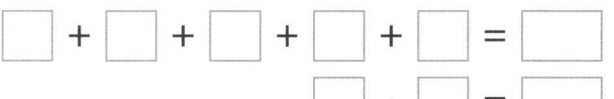

☐ + ☐ + ☐ + ☐ + ☐ = ☐

☐ · ☐ = ☐

☐ + ☐ + ☐ = ☐

☐ · ☐ = ☐

☐ + ☐ = ☐

☐ · ☐ = ☐

Datum:

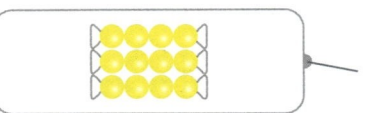

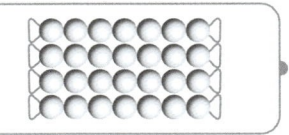

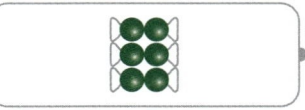

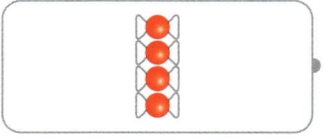

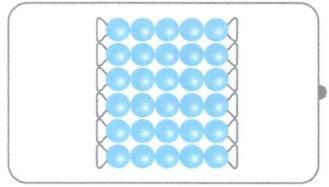

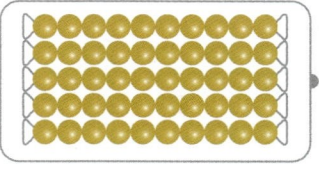

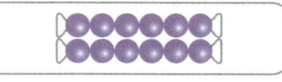

6 Fünfer	3 · 4
3 Vierer	4 · 1
2 Sechser	2 · 6
4 Siebener	6 · 5
4 Einer	3 · 2
3 Zweier	4 · 7
5 Zehner	5 · 10

Malaufgaben mit Trick
Königsaufgaben

Datum:

5 Verdopple die Malaufgaben.

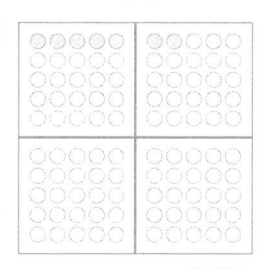

$1 \cdot 7 =$ ☐ ⟶ $\boxed{2} \cdot \boxed{7} =$ ☐

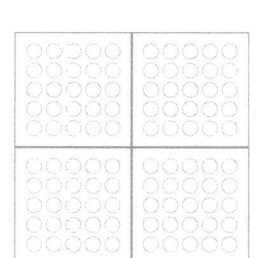 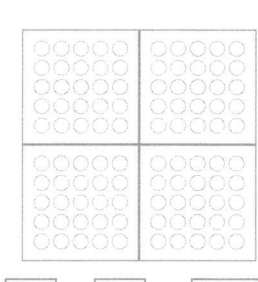

$1 \cdot 5 =$ ☐ ⟶ ☐ $\cdot$ ☐ $=$ ☐

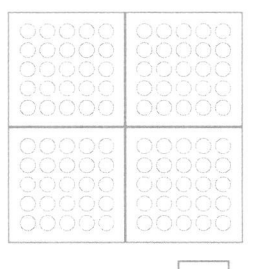 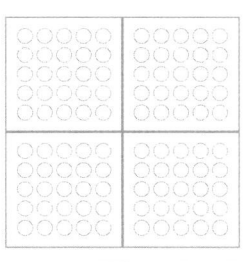

$2 \cdot 3 =$ ☐ ⟶ ☐ $\cdot$ ☐ $=$ ☐

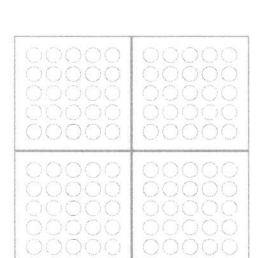 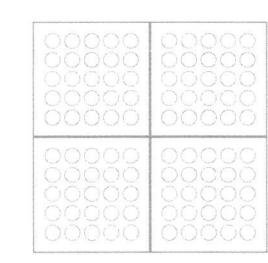

$2 \cdot 4 =$ ☐ ⟶ ☐ $\cdot$ ☐ $=$ ☐

Datum:

6 Halbiere die Malaufgaben.

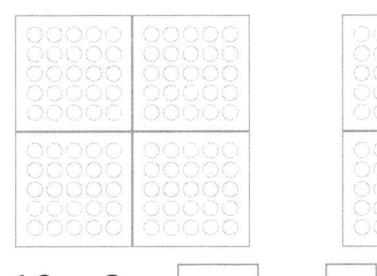

$10 \cdot 2 =$ ☐ ⟶ $\boxed{5} \cdot \boxed{2} =$ ☐

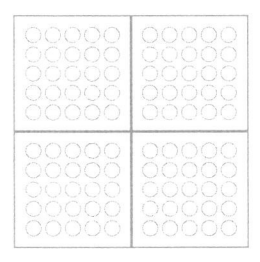 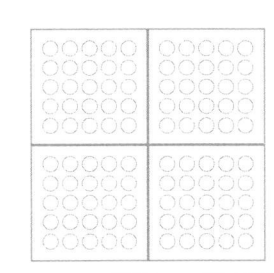

$10 \cdot 5 =$ ☐ ⟶ ☐ $\cdot$ ☐ $=$ ☐

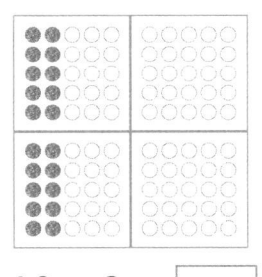 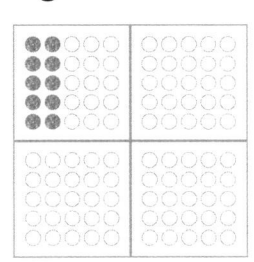

$10 \cdot 3 =$ ☐ ⟶ ☐ $\cdot$ ☐ $=$ ☐

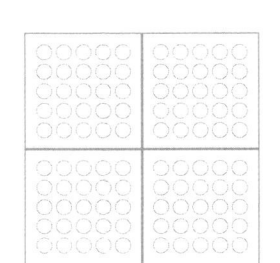 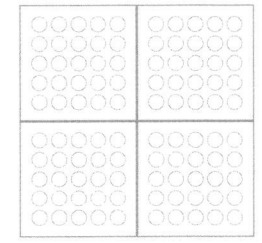

$10 \cdot 7 =$ ☐ ⟶ ☐ $\cdot$ ☐ $=$ ☐

Königsaufgaben
mit 1 · □ und 10 · □

Datum: _____

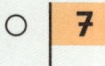 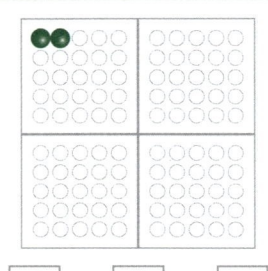

$1 \cdot 2 = \square$ $\square \cdot \square = \square$ $\square \cdot \square = \square$ $\square \cdot \square = \square$

Datum: _____

 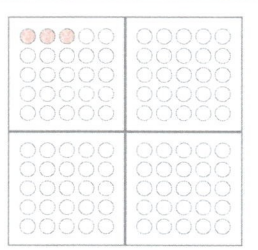

$1 \cdot 3 = \square$ $1 \cdot 5 = \square$ $1 \cdot 1 = \square$ $1 \cdot 4 = \square$

Datum: _____

 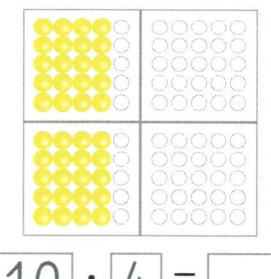

$10 \cdot 4 = \square$ $\square \cdot \square = \square$ $\square \cdot \square = \square$ $\square \cdot \square = \square$

Datum: _____

 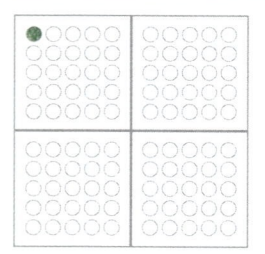

$10 \cdot 2 = \square$ $10 \cdot 5 = \square$ $10 \cdot 3 = \square$ $10 \cdot 6 = \square$

□ 🗎 → **Arbeitsbuch 2** S. 90/91

Königsaufgaben
mit 2 · ☐

Datum: _____

11

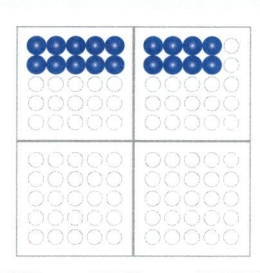 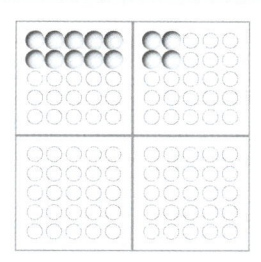 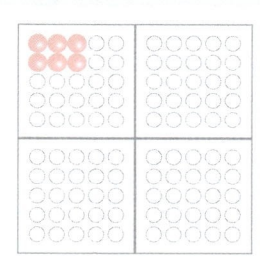 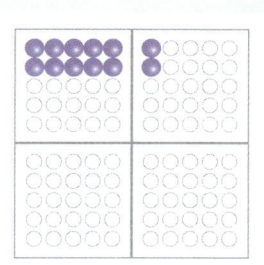

$2 \cdot 9 = $ ☐   ☐ · ☐ = ☐   ☐ · ☐ = ☐   ☐ · ☐ = ☐

Datum: _____

12

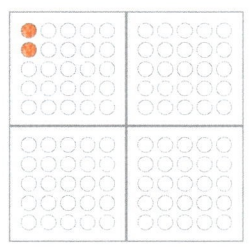 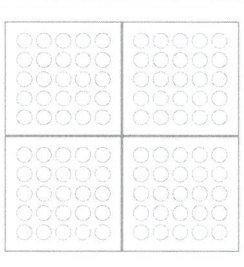 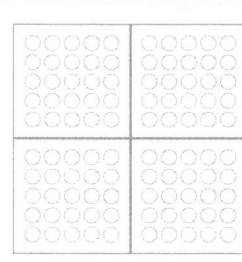 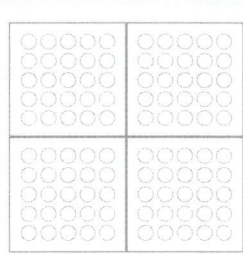

$2 \cdot 1 = $ ☐ $2 \cdot 4 = $ ☐ $2 \cdot 2 = $ ☐ $2 \cdot 8 = $ ☐

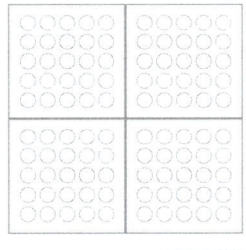 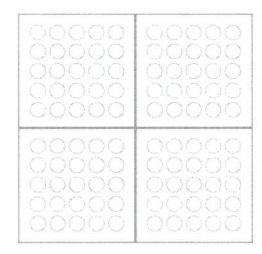 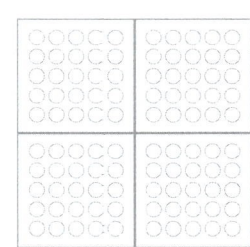

$2 \cdot 5 = $ ☐ $2 \cdot 10 = $ ☐ $2 \cdot 0 = $ ☐

Datum: _____

13

$10 \cdot 5 = \boxed{50}$ $2 \cdot 7 = $ ☐ $10 \cdot 10 = $ ☐

$2 \cdot 3 = $ ☐ $10 \cdot 8 = $ ☐ $2 \cdot 9 = $ ☐

$1 \cdot 6 = $ ☐ $1 \cdot 9 = $ ☐ $1 \cdot 5 = $ ☐

$2 \cdot 4 = $ ☐ $1 \cdot 7 = $ ☐ $2 \cdot 10 = $ ☐

$2 \cdot 6 = $ ☐ $10 \cdot 4 = $ ☐ $2 \cdot 8 = $ ☐

$10 \cdot 0 = $ ☐ $2 \cdot 2 = $ ☐ $10 \cdot 7 = $ ☐

☐ ☐→ **Arbeitsbuch 2** S. 93

Königsaufgaben
mit 5 · ☐

Datum:

○ **14**

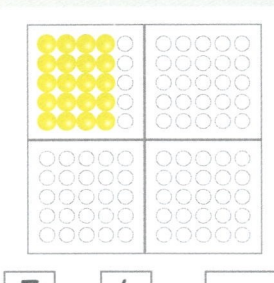 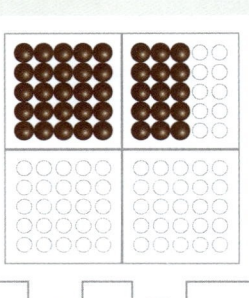 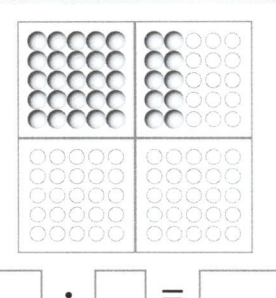

$5 \cdot 4 = $ ☐   ☐ · ☐ = ☐   ☐ · ☐ = ☐   ☐ · ☐ = ☐

Datum:

○ **15** ✏️

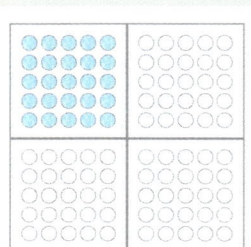 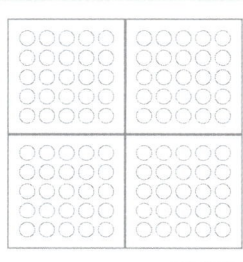 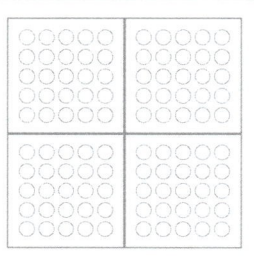

$5 \cdot 5 = $ ☐ $5 \cdot 1 = $ ☐ $5 \cdot 6 = $ ☐ $5 \cdot 2 = $ ☐

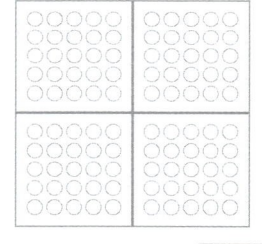 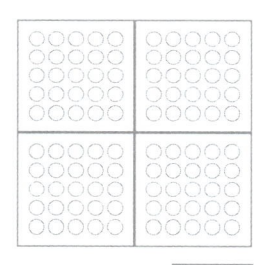 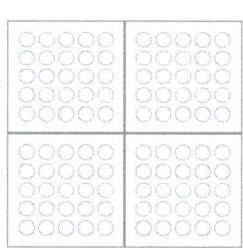

$5 \cdot 10 = $ ☐ $5 \cdot 9 = $ ☐ $5 \cdot 0 = $ ☐

Datum:

◐ **16**

$10 \cdot 4 = 40$	$10 \cdot 6 = $ ☐	$10 \cdot 8 = $ ☐
$5 \cdot 4 = $ ☐	$5 \cdot 6 = $ ☐	$5 \cdot 8 = $ ☐
$10 \cdot 5 = $ ☐	$10 \cdot 7 = $ ☐	$10 \cdot 9 = $ ☐
$5 \cdot 5 = $ ☐	$5 \cdot 7 = $ ☐	$5 \cdot 9 = $ ☐

Malaufgaben
Tauschaufgaben

Datum:

17 Male die Tauschaufgabe. Schreibe Aufgabe und Tauschaufgabe auf.

$2 \cdot 7 = \boxed{} \longrightarrow 7 \cdot \boxed{} = \boxed{}$ $\boxed{} \cdot \boxed{} = \boxed{} \longrightarrow \boxed{} \cdot \boxed{} = \boxed{}$

$\boxed{} \cdot \boxed{} = \boxed{} \longrightarrow \boxed{} \cdot \boxed{} = \boxed{}$ $\boxed{} \cdot \boxed{} = \boxed{} \longrightarrow \boxed{} \cdot \boxed{} = \boxed{}$

Datum:

18 Tausche zur Königsaufgabe.

$8 \cdot 2 = \boxed{}$ $8 \cdot 5 = \boxed{}$ $7 \cdot 10 = \boxed{}$

$\boxed{2} \cdot \boxed{8} = \boxed{}$ $\boxed{} \cdot \boxed{} = \boxed{}$ $\boxed{} \cdot \boxed{} = \boxed{}$

$6 \cdot 2 = \boxed{}$ $3 \cdot 5 = \boxed{}$ $9 \cdot 10 = \boxed{}$

$\boxed{} \cdot \boxed{} = \boxed{}$ $\boxed{} \cdot \boxed{} = \boxed{}$ $\boxed{} \cdot \boxed{} = \boxed{}$

Datum:

19

 oder ⬜? Entscheide, male und rechne.

$10 \cdot 4 = \boxed{40}$ $5 \cdot 3 = \boxed{}$ $8 \cdot 10 = \boxed{}$

$3 \cdot 2 = \boxed{}$ $9 \cdot 1 = \boxed{}$ $6 \cdot 1 = \boxed{}$

□ ▯→ Arbeitsbuch 2 S. 96/97

Malaufgaben

Von 2 · ☐ zu 3 · ☐

3 · 3

Datum:

20

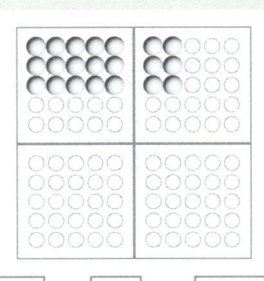 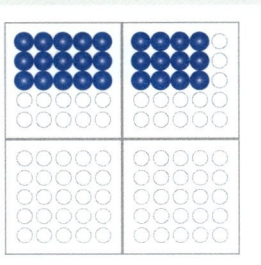 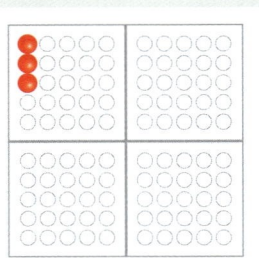 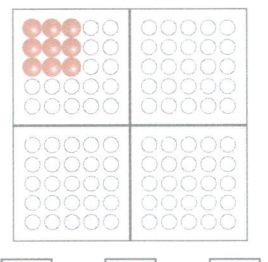

$3 \cdot 7 =$ ☐   ☐ · ☐ = ☐   ☐ · ☐ = ☐   ☐ · ☐ = ☐

Datum:

21

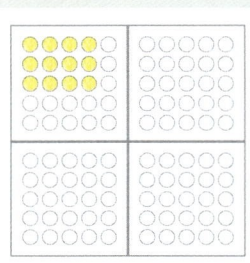 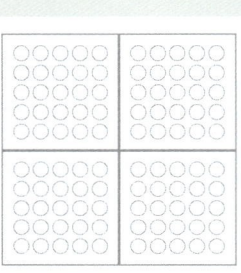 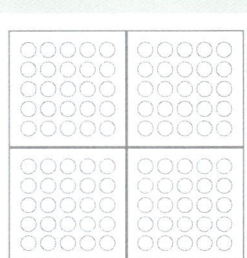 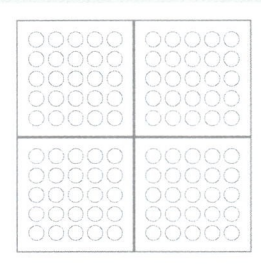

$3 \cdot 4 =$ ☐ $3 \cdot 6 =$ ☐ $3 \cdot 8 =$ ☐ $3 \cdot 2 =$ ☐

Datum:

22

·	3	6	10
2	6		
3			
10			

·	5	2	1
3			
2			
5			

·	0	4	2
3			
5			
1			

·	7	8	9
3			
5			
10			

66   ☐ ☐→ **Arbeitsbuch 2** S. 99

Datum:

23

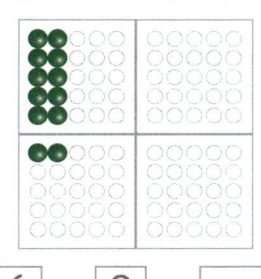 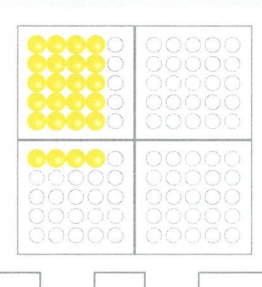 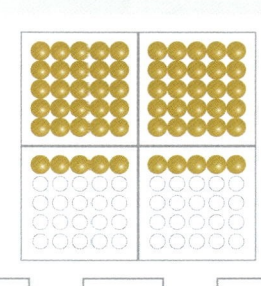 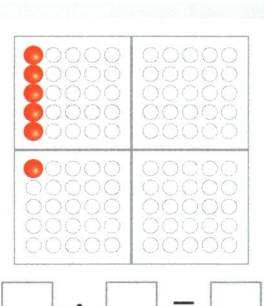

$6 \cdot 2 =$ ☐   ☐ · ☐ = ☐   ☐ · ☐ = ☐   ☐ · ☐ = ☐

Datum:

24

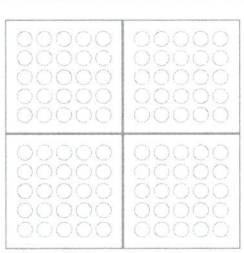 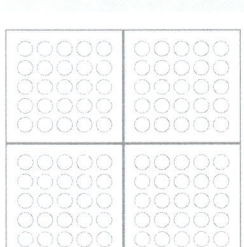 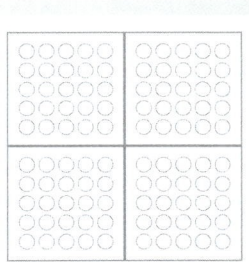

$6 \cdot 3 =$ ☐ $6 \cdot 6 =$ ☐ $6 \cdot 9 =$ ☐ $6 \cdot 7 =$ ☐

Datum:

25

$6 \cdot 4 = \boxed{24}$ $6 \cdot 3 =$ ☐ $6 \cdot 9 =$ ☐

$6 \cdot 6 =$ ☐ $6 \cdot 8 =$ ☐ $6 \cdot 7 =$ ☐

Datum:

26

6 · 1 = ☐   6 · 10 = ☐

6 · 2 = ☐   6 · 9 = ☐

6 · 3 = ☐   6 · 8 = ☐

$\boxed{6}$ · ☐ = ☐   ☐ · ☐ = ☐

☐ · ☐ = ☐   ☐ · ☐ = ☐

↓ ↓ ↓   ↓ ↓ ↓

☐ ☐ ☐   ☐ ☐ ☐

Malaufgaben

Von 5 · ☐ zu 7 · ☐

Datum:

27

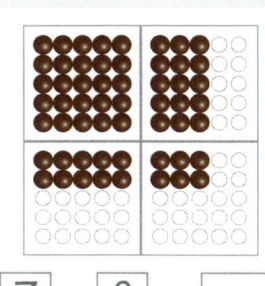 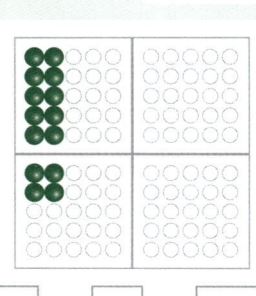 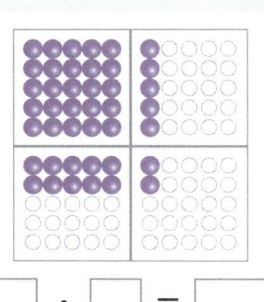

$7 \cdot 8 =$ ☐　☐ $\cdot$ ☐ $=$ ☐　☐ $\cdot$ ☐ $=$ ☐　☐ $\cdot$ ☐ $=$ ☐

Datum:

28

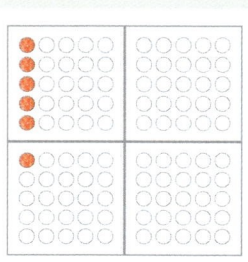 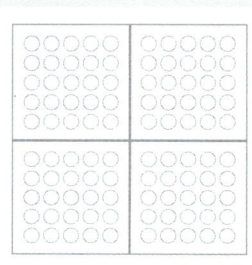 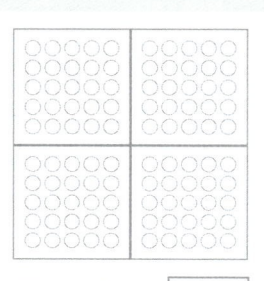

$7 \cdot 1 =$ ☐　$7 \cdot 9 =$ ☐　$7 \cdot 5 =$ ☐　$7 \cdot 3 =$ ☐

Datum:

29

$5 \cdot 5 = \boxed{25}$　$5 \cdot 3 =$ ☐　$5 \cdot 6 =$ ☐

$2 \cdot 5 =$ ☐　$2 \cdot 3 =$ ☐　$2 \cdot 6 =$ ☐

$7 \cdot 5 =$ ☐　$7 \cdot 3 =$ ☐　$7 \cdot 6 =$ ☐

$5 \cdot 4 =$ ☐　$5 \cdot 8 =$ ☐　$5 \cdot 2 =$ ☐

$2 \cdot 4 =$ ☐　$2 \cdot 8 =$ ☐　$2 \cdot 2 =$ ☐

$7 \cdot 4 =$ ☐　$7 \cdot 8 =$ ☐　$7 \cdot 2 =$ ☐

$5 \cdot 9 =$ ☐　$5 \cdot 7 =$ ☐　$5 \cdot 0 =$ ☐

$2 \cdot 9 =$ ☐　$2 \cdot 7 =$ ☐　$2 \cdot 0 =$ ☐

$7 \cdot 9 =$ ☐　$7 \cdot 7 =$ ☐　$7 \cdot 0 =$ ☐

Malaufgaben
Von 10 · ☐ zu 9 · ☐

Datum:

30

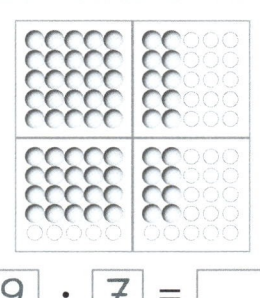 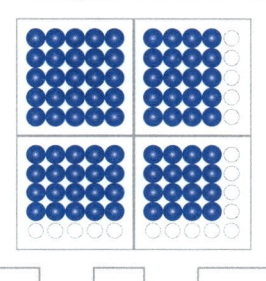 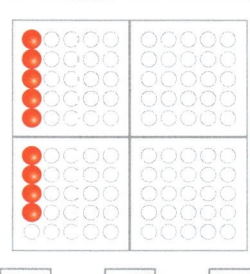 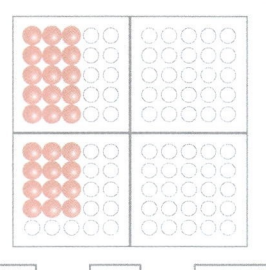

9 · 7 = ☐   ☐ · ☐ = ☐   ☐ · ☐ = ☐   ☐ · ☐ = ☐

Datum:

31

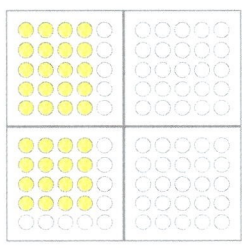 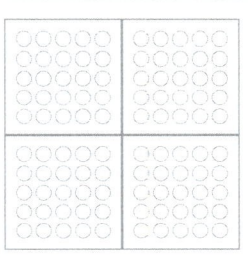 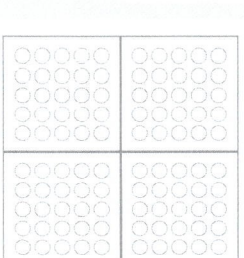 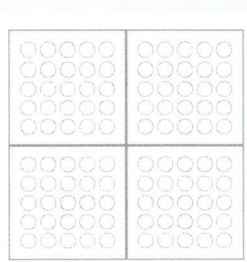

9 · 4 = ☐   9 · 6 = ☐   9 · 8 = ☐   9 · 2 = ☐

Datum:

32

3 · 2 = 6	9 · 3 = ☐	3 · 7 = ☐
10 · 4 = ☐	2 · 1 = ☐	5 · 4 = ☐
6 · 5 = ☐	6 · 4 = ☐	2 · 9 = ☐

7 · 1 = ☐	9 · 9 = ☐	3 · 6 = ☐
1 · 8 = ☐	3 · 5 = ☐	5 · 5 = ☐
9 · 7 = ☐	9 · 4 = ☐	9 · 6 = ☐

6 · 3 = ☐	2 · 2 = ☐	3 · 4 = ☐
7 · 7 = ☐	7 · 6 = ☐	9 · 8 = ☐
9 · 2 = ☐	10 · 9 = ☐	6 · 6 = ☐

☐ ☐→ **Arbeitsbuch 2** S. 105

Malaufgaben
Von 10 · ☐ zu 8 · ☐

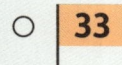

Datum: _____

33

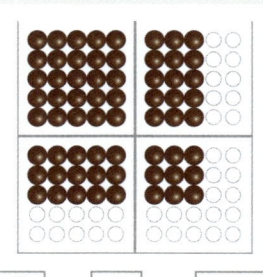 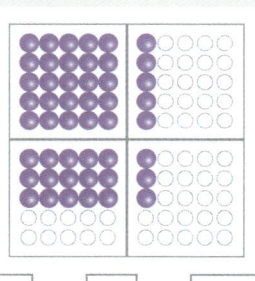 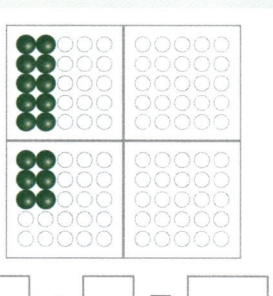

$8 \cdot 8 =$ ☐ ☐ · ☐ = ☐ ☐ · ☐ = ☐ ☐ · ☐ = ☐

Datum: _____

34

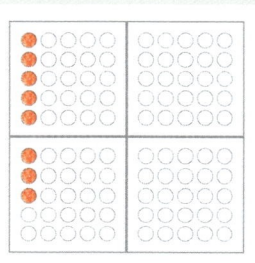 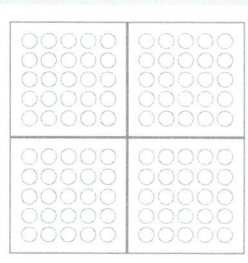 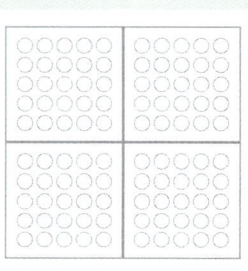 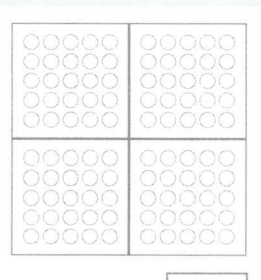

$8 \cdot 1 =$ ☐ $8 \cdot 9 =$ ☐ $8 \cdot 5 =$ ☐ $8 \cdot 3 =$ ☐

Datum: _____

35

·	3	6	9
2	6		
8			
10			

·	5	2	1
3			
6			
9			

·	6	4	2
1			
5			
7			

·	7	8	10
0			
2			
9			

□ ▣→ **Arbeitsbuch 2** S. 107

Malaufgaben
Von 5 · ☐ zu 4 · ☐

36

Datum:

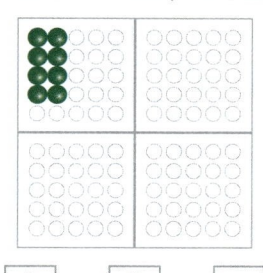 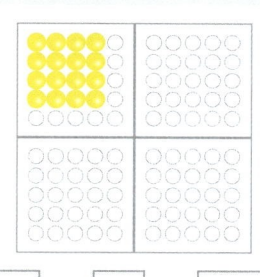 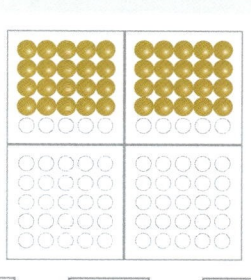 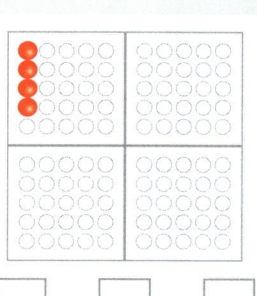

$4 \cdot 2 = ☐$ $☐ \cdot ☐ = ☐$ $☐ \cdot ☐ = ☐$ $☐ \cdot ☐ = ☐$

37

Datum:

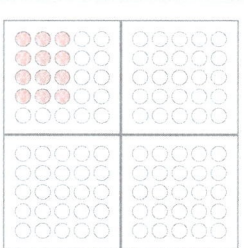 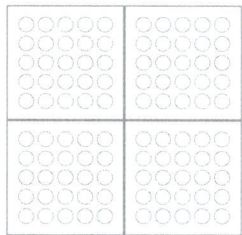 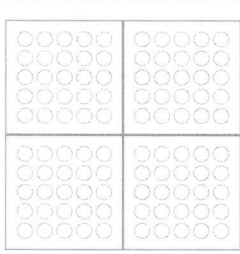 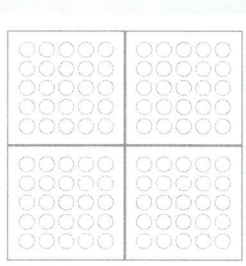

$4 \cdot 3 = ☐$ $4 \cdot 6 = ☐$ $4 \cdot 9 = ☐$ $4 \cdot 7 = ☐$

38

Datum:

$4 \cdot 3 = 12$ $4 \cdot 8 = ☐$ $4 \cdot 4 = ☐$

$4 \cdot 6 = ☐$ $4 \cdot 7 = ☐$ $4 \cdot 9 = ☐$

39

Datum:

$5 \cdot 2 = ☐$ $4 \cdot 10 = ☐$

$5 \cdot 4 = ☐$ $4 \cdot 9 = ☐$

$5 \cdot 6 = ☐$ $4 \cdot 8 = ☐$

$5 \cdot ☐ = ☐$ $☐ \cdot ☐ = ☐$

$☐ \cdot ☐ = ☐$ $☐ \cdot ☐ = ☐$

  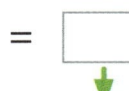   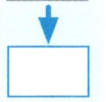  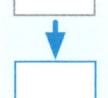

☐ 🗒→ **Arbeitsbuch 2** S. 109

71

Malaufgaben

Datum:

40 Kreise die Königsaufgaben gelb ein. Rechne sie zuerst.

$5 \cdot 4 = \boxed{20}$ $9 \cdot 7 = \boxed{}$ $2 \cdot 5 = \boxed{}$

$6 \cdot 4 = \boxed{}$ $10 \cdot 7 = \boxed{}$ $3 \cdot 5 = \boxed{}$

$4 \cdot 6 = \boxed{}$ $2 \cdot 9 = \boxed{}$ $7 \cdot 8 = \boxed{}$

$2 \cdot 6 = \boxed{}$ $3 \cdot 9 = \boxed{}$ $5 \cdot 8 = \boxed{}$

$3 \cdot 7 = \boxed{}$ $9 \cdot 4 = \boxed{}$ $10 \cdot 6 = \boxed{}$

$2 \cdot 7 = \boxed{}$ $10 \cdot 4 = \boxed{}$ $9 \cdot 6 = \boxed{}$

Datum:

41 Schreibe die Königsaufgabe auf, die dir hilft.

$8 \cdot 7 = \boxed{}$ $3 \cdot 8 = \boxed{}$ $9 \cdot 8 = \boxed{}$

$\boxed{} \cdot \boxed{} = \boxed{}$ $\boxed{} \cdot \boxed{} = \boxed{}$ $\boxed{} \cdot \boxed{} = \boxed{}$

$7 \cdot 4 = \boxed{}$ $9 \cdot 3 = \boxed{}$ $6 \cdot 8 = \boxed{}$

$\boxed{} \cdot \boxed{} = \boxed{}$ $\boxed{} \cdot \boxed{} = \boxed{}$ $\boxed{} \cdot \boxed{} = \boxed{}$

Datum:

42

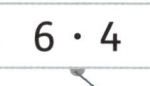 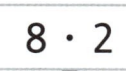

6 · 4	8 · 2	6 · 6	9 · 4	2 · 6	4 · 5

16	24	36	12	20

4 · 4	4 · 6	3 · 8	4 · 9	3 · 4	2 · 10

Teilen
Verteilen

43

Verteile die Kinder in 2 Teams.

Jedes Team hat ☐ Kinder.

6 : 2 = 3

Verteile die Kinder in 3 Teams.

Jedes Team hat ☐ Kinder.

9 : 3 = ☐

Verteile die Kinder in 5 Teams.

Jedes Team hat ☐ Kinder.

10 : 5 = ☐

Datum:

Verteile die Kinder in 3 Teams.

Jedes Team hat ☐ Kinder.

6 : 3 = ☐

Verteile die Kinder in 4 Teams.

Jedes Team hat ☐ Kinder.

8 : 4 = ☐

Verteile die Kinder in 3 Teams.

Jedes Team hat ☐ Kinder.

12 : 3 = ☐

Datum:

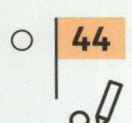 **44** Teile gerecht auf.

Jedes Kind bekommt

☐ Gummibärchen.

$15 : 3 = \boxed{5}$

Jedes Kind bekommt

☐ Bonbons.

$10 : 2 = \boxed{}$

Jedes Kind bekommt

☐ Autos.

$16 : 2 = \boxed{}$

Jedes Kind bekommt

☐ Murmeln.

$14 : 2 = \boxed{}$

Datum:

 **45**

Jedes Kind bekommt

☐ Lutscher.

$\boxed{16} : \boxed{} = \boxed{}$

Jedes Kind bekommt

☐ Müsliriegel.

$\boxed{} : \boxed{} = \boxed{}$

Teilen
Umkehraufgaben

Datum:

46

15 : (3) = ☐

☐ · (3) = ☐

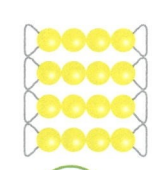

16 : (☐) = ☐

☐ · (☐) = ☐

16 : (☐) = ☐

☐ · (☐) = ☐

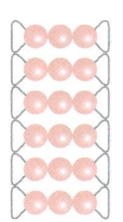

18 : (☐) = ☐

☐ · (☐) = ☐

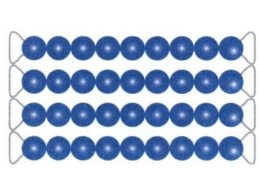

36 : (☐) = ☐

☐ · (☐) = ☐

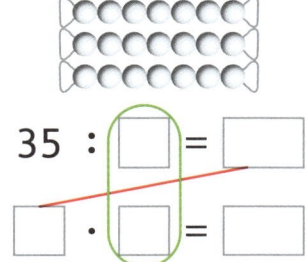

35 : (☐) = ☐

☐ · (☐) = ☐

Datum:

47

49 : (7) = ☐

☐ · (7) = 49

72 : (8) = ☐

☐ · (☐) = ☐

42 : (6) = ☐

☐ · (☐) = ☐

14 : (2) = ☐

☐ · (☐) = ☐

56 : (8) = ☐

☐ · (☐) = ☐

60 : (6) = ☐

☐ · (☐) = ☐

35 : (5) = ☐

☐ · (☐) = ☐

54 : (6) = ☐

☐ · (☐) = ☐

27 : (9) = ☐

☐ · (☐) = ☐

45 : (5) = ☐

☐ · (☐) = ☐

64 : (8) = ☐

☐ · (☐) = ☐

63 : (9) = ☐

☐ · (☐) = ☐

□ 🗐 → **Arbeitsbuch 2** S. 112

Teilen
Aufgabenteams

48

   **8 7 56**   **3 9 27**      **6 9 54**

8 · 7 = ☐	☐ · ☐ = ☐	☐ · ☐ = ☐
7 · 8 = ☐	☐ · ☐ = ☐	☐ · ☐ = ☐
56 : 7 = ☐	☐ : ☐ = ☐	☐ : ☐ = ☐
56 : 8 = ☐	☐ : ☐ = ☐	☐ : ☐ = ☐

49

   **7 6 ☐**   **9 4 ☐**   **8 3 ☐**

7 · 6 = ☐	☐ · ☐ = ☐	☐ · ☐ = ☐
☐ · ☐ = ☐	☐ · ☐ = ☐	☐ · ☐ = ☐
☐ : ☐ = ☐	☐ : ☐ = ☐	☐ : ☐ = ☐
☐ : ☐ = ☐	☐ : ☐ = ☐	☐ : ☐ = ☐

   **5 ☐ 30**   **☐ ☐ 40**      **☐ ☐ 24**

☐ · ☐ = ☐	☐ · ☐ = ☐	☐ · ☐ = ☐
☐ · ☐ = ☐	☐ · ☐ = ☐	☐ · ☐ = ☐
☐ : ☐ = ☐	☐ : ☐ = ☐	☐ : ☐ = ☐
☐ : ☐ = ☐	☐ : ☐ = ☐	☐ : ☐ = ☐

Teilen
Teilen mit Rest

:

50 Verteile 13 Karten an 3 Kinder.

Jedes Kind bekommt ☐ Karten.

☐ Karten bleiben übrig.

13 : 3 = 4 R ☐

Verteile 17 Karten an 3 Kinder.

Jedes Kind bekommt ☐ Karten.

☐ Karten bleiben übrig.

17 : 3 = ☐ R ☐

Verteile 23 Karten an 4 Kinder.

Jedes Kind bekommt ☐ Karten.

☐ Karten bleiben übrig.

23 : 4 = ☐ R ☐

Verteile 19 Karten an 4 Kinder.

Jedes Kind bekommt ☐ Karten.

☐ Karten bleiben übrig.

19 : 4 = ☐ R ☐

51

43 : 5 = 8 R 3	29 : 3 = ☐ R ☐	30 : 7 = ☐ R ☐
22 : 6 = ☐ R ☐	27 : 4 = ☐ R ☐	28 : 6 = ☐ R ☐
11 : 2 = ☐ R ☐	49 : 9 = ☐ R ☐	37 : 8 = ☐ R ☐
13 : 3 = ☐ R ☐	67 : 8 = ☐ R ☐	67 : 9 = ☐ R ☐

Mal und geteilt
Ungleichungen

 52

 > <

3 · 4 $<$ 13	8 · 8 ◯ 65	4 · 4 ◯ 18
7 · 8 ◯ 57	7 · 6 ◯ 43	7 · 5 ◯ 36
5 · 7 ◯ 34	9 · 4 ◯ 35	9 · 5 ◯ 44
2 · 9 ◯ 20	10 · 3 ◯ 31	0 · 7 ◯ 7

 53

> <

20 : 5 $>$ 3	49 : 7 ◯ 9	42 : 7 ◯ 8
21 : 7 ◯ 4	27 : 9 ◯ 2	54 : 9 ◯ 5
36 : 6 ◯ 5	48 : 6 ◯ 9	18 : 3 ◯ 9
18 : 2 ◯ 8	30 : 5 ◯ 7	24 : 4 ◯ 7

 **54**

Kreise alle passenden Zahlen ein.

4 · ☐ < 25   6 · ☐ > 36

① 2 3 4 5 6 7 8 9 10   1 2 3 4 5 6 7 8 9 10

64 : ☐ > 7   40 : ☐ < 9

1 2 3 4 5 6 7 8 9 10   1 2 3 4 5 6 7 8 9 10

7 · ☐ < 20   15 : ☐ < 6

1 2 3 4 5 6 7 8 9 10   1 2 3 4 5 6 7 8 9 10

Mal und geteilt
Sachaufgaben

55

Steckwürfel	Türme	Steckwürfel pro Turm
21	3	7
14	7	
40	4	
18	9	
48	6	

Datum:

56

Frida, Adrian und Mateo haben 27 Dinokarten, die sie gerecht aufteilen wollen.

Frage: _____

_____

Lösung:

Antwort: _____

Datum:

57

Lasse, Luisa, Ole, Emil, Benno, Lotta und Merle wollen für ein Kartenspiel 57 Karten verteilen.

Frage: _____

_____

Lösung:

Antwort: _____

□ 🗐→ **Arbeitsbuch 2** S. 116

Geobrett

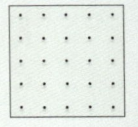

Datum:

1 Ergänze symmetrisch. Spanne. Zeichne. Kontrolliere mit dem Spiegel.

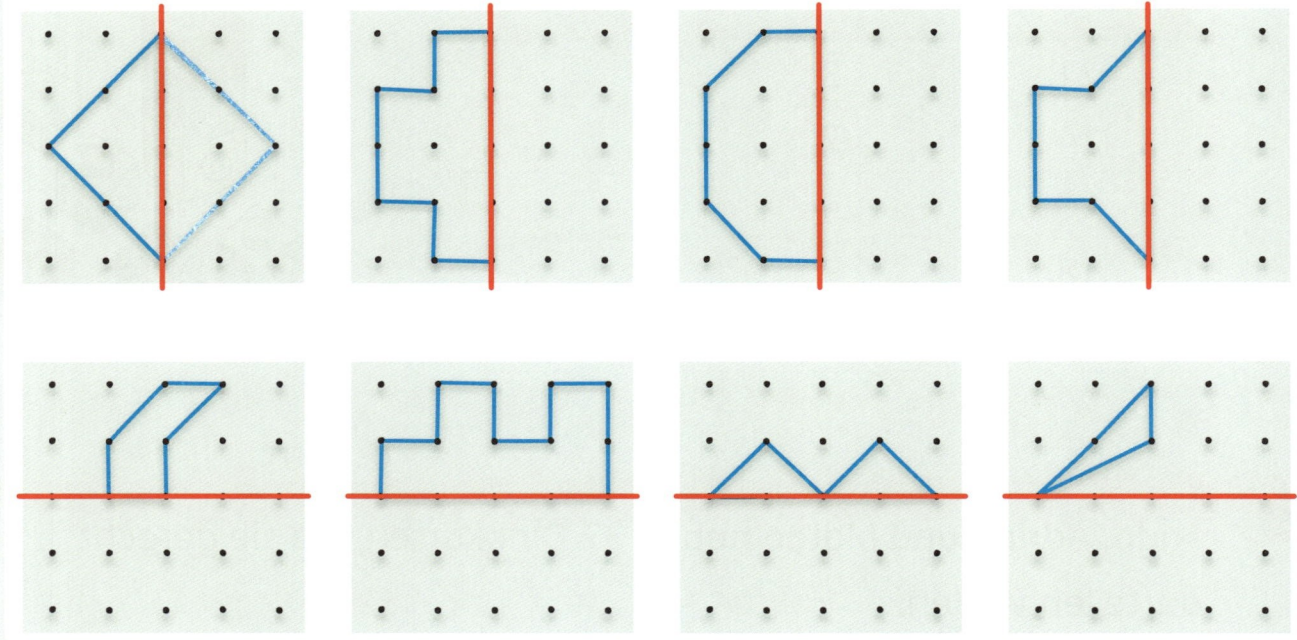

Datum:

2 Zeichne die Symmetrieachse ein. Machmal gibt es mehrere Symmetrieachsen. Kontrolliere mit dem Spiegel.

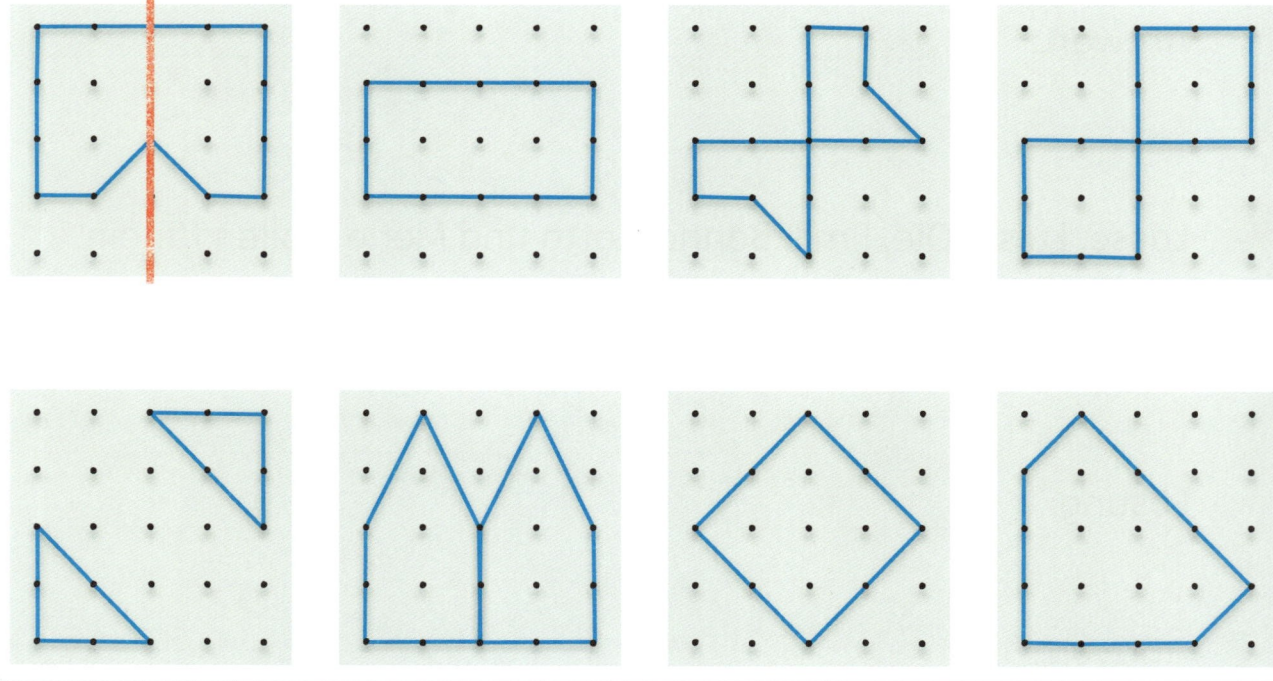

□ ⬚→ **Arbeitsbuch 2** S. 119

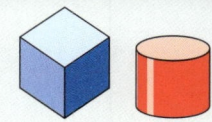

Datum:

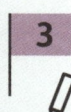

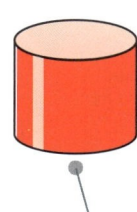 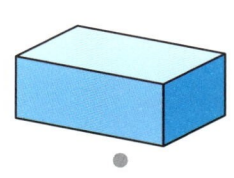   

| der Quader | der Zylinder | die Kugel | der Würfel |

Datum:

4

Der Quader hat _12_ Kanten.

Der Zylinder hat _____ Flächen.

Der Würfel hat _____ Ecken.

Der Zylinder hat _____ Kanten.

Der Würfel hat _____ Kanten.

Die Kugel hat _____ Ecken.

Der Quader hat _____ Flächen.

Der Zylinder hat _____ Ecken.

Die Kugel hat _____ Fläche.

Datum:

5 Wie viele Würfel sind es?

Es sind [5] Würfel.

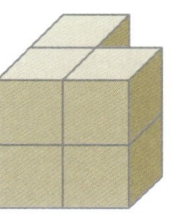

Es sind ☐ Würfel.

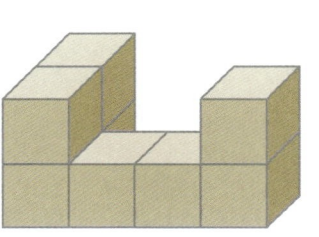

Es sind ☐ Würfel.

Es sind ☐ Würfel.

Es sind ☐ Würfel.

Es sind ☐ Würfel.

Datum:

6 Schreibe die Baupläne.

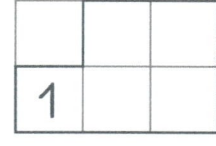

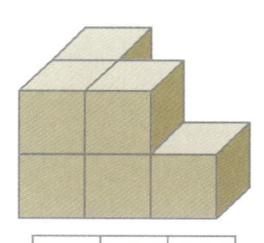

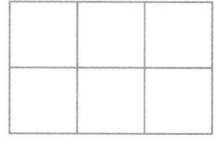

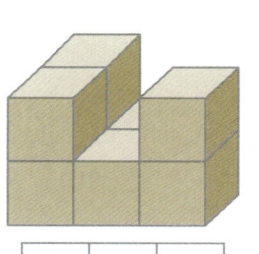

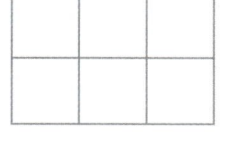

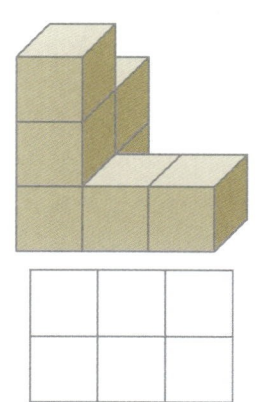

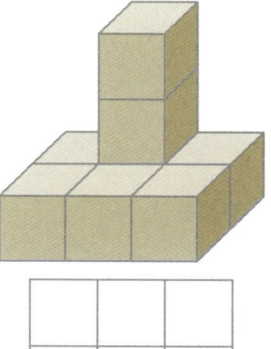

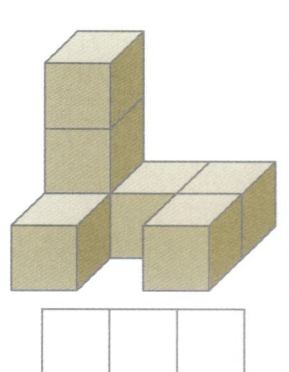

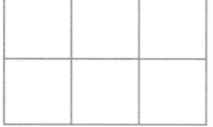

Würfelgebäude
Ansichten

Datum:

7

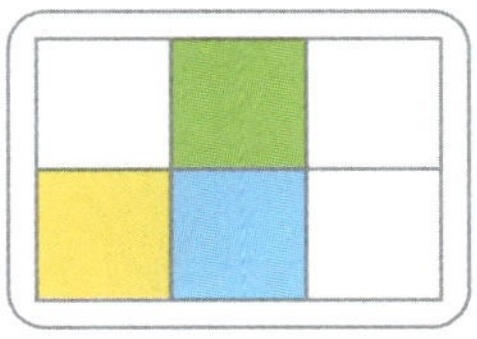

	von rechts		von rechts		von rechts
☐	von rechts	☐	von rechts	☐	von rechts
☐	von links	☐	von links	☐	von links
☒	von hinten	☐	von hinten	☐	von hinten

	von rechts		von rechts		von rechts
☐	von rechts	☐	von rechts	☐	von rechts
☐	von links	☐	von links	☐	von links
☐	von hinten	☐	von hinten	☐	von hinten

Datum:

8

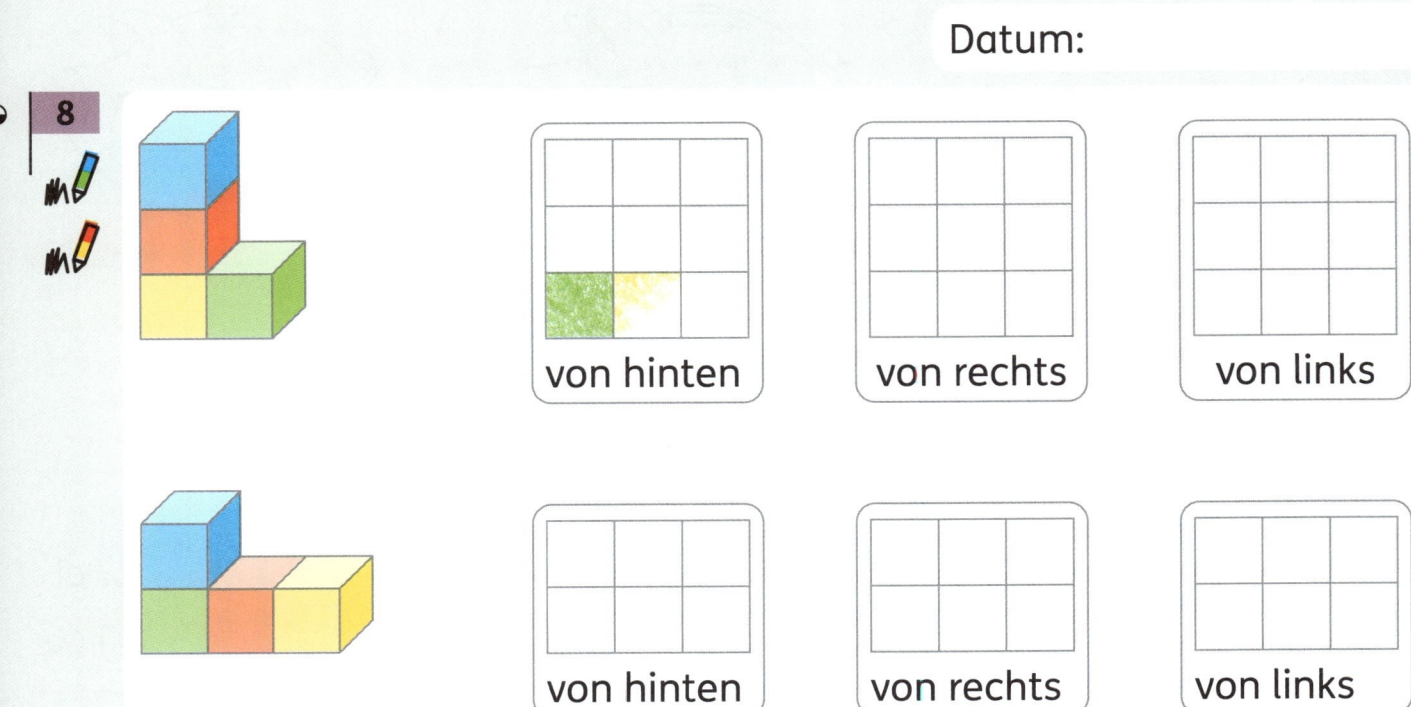

von hinten	von rechts	von links

von hinten	von rechts	von links

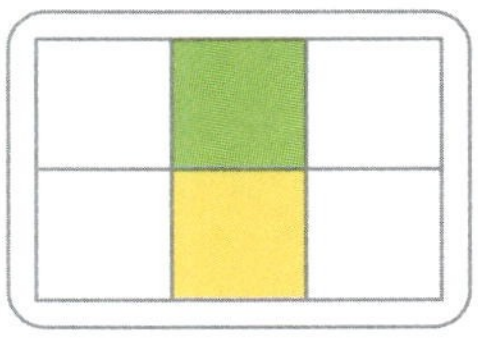

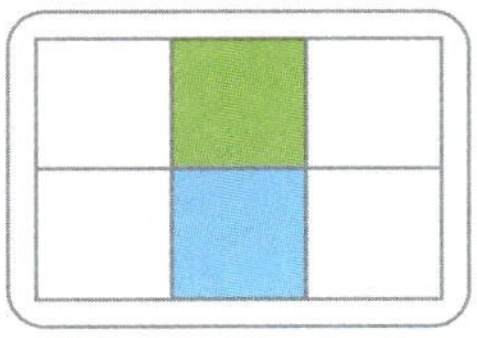

☐ ☐→ **Arbeitsbuch 2** S. 125

Geld

9

72 ct

10

57 €

11 > = <

15 ct < 15 €	100 ct ◯ 1 €	27 ct ◯ 27 ct
25 € ◯ 52 €	37 ct ◯ 73 ct	59 ct ◯ 61 ct
15 ct ◯ 15 €	40 ct ◯ 40 €	28 € ◯ 82 ct

□ □→ **Arbeitsbuch 2** S. 127

Datum:

12

Ich kaufe:	Preis:	Ich gebe:	Ich bekomme zurück:
20 ct 10 ct	30 ct	50	(20 ct)
3 € 25 €		20 20	
8 € 4 € 12 €		20 5	
5 € 9 € 4 €		50	
20 ct 4 €		5	
10 ct 10 ct 10 ct		1	
25 € 8 € 20 ct		20 20	
5 € 20 ct 10 ct		10	
12 € 25 € 20 ct		50	
8 € 4 € 20 ct 20 ct		10 5	

☐ ▢→ **Arbeitsbuch 2** S. 129

Geld

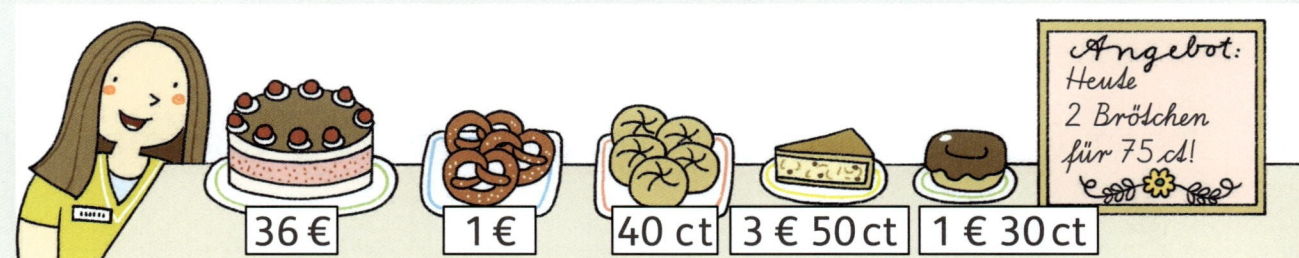

36 €   1 €   40 ct   3 € 50 ct   1 € 30 ct

Angebot: Heute 2 Brötchen für 75 ct!

Datum:

13

Herr Schmitz bezahlt mit einem 50 €-Schein.

Frage: _____

_____

Lösung:

Antwort: _____

Angebot: Heute 2 Brötchen für 75 ct!

Frage: Ist das Angebot für 2 Brötchen günstig?

Lösung:

Antwort: _____

Mohamed hat 11 €.

Frage: Reicht das Geld?

Lösung:

Antwort: _____

Längen

14 Schätze zuerst. Miss dann mit dem Lineal.

geschätzt: ☐ cm

gemessen: 6 cm

geschätzt: ☐ cm

gemessen: ☐ cm

geschätzt: ☐ cm

gemessen: ☐ cm

geschätzt: ☐ cm

gemessen: ☐ cm

Datum:

15 Miss die Linien.

_____

2 cm

_____

☐

_____

☐

_____

☐

_____

☐

____

☐

Datum:

16 Ergänze zur richtigen Länge.

_____

3 cm

_____

5 cm

_____

7 cm

_____

4 cm

_____

6 cm

_____

2 cm

17 Wer ist wie groß?

| 67 cm | | 1 m 80 cm | | 1 m 69 cm |

| 1 m 15 cm | | 1 m 40 cm | | 1 m 60 cm |

Datum:

18 Ordne der Länge nach.

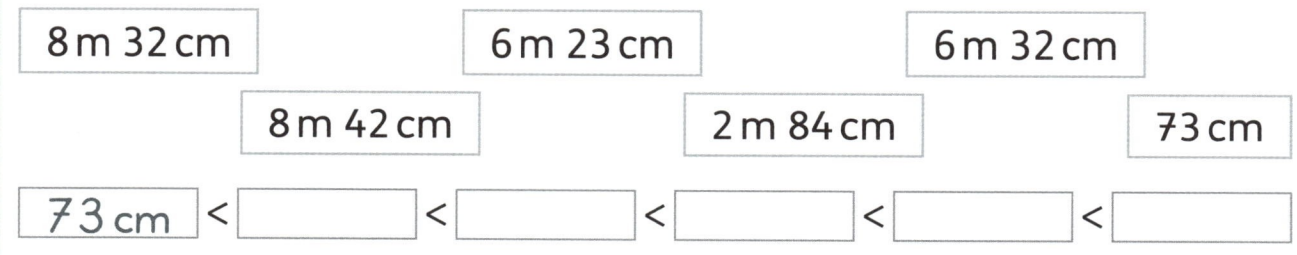

| 8 m 32 cm | 6 m 23 cm | 6 m 32 cm |

| 8 m 42 cm | 2 m 84 cm | 73 cm |

73 cm < ___ < ___ < ___ < ___ < ___

Datum:

19 Ordne der Länge nach.

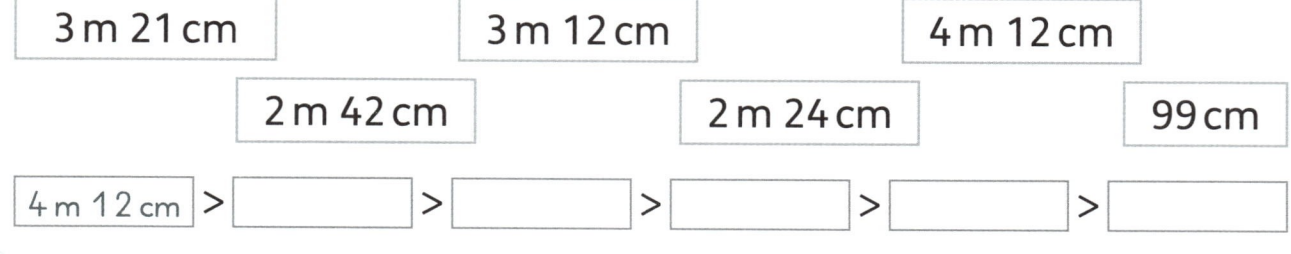

| 3 m 21 cm | 3 m 12 cm | 4 m 12 cm |

| 2 m 42 cm | 2 m 24 cm | 99 cm |

4 m 12 cm > ___ > ___ > ___ > ___ > ___

Längen

20

52 cm + 25 cm = $\boxed{77}$ cm

34 cm + 15 cm = ☐

73 cm + 24 cm = ☐

42 cm + 53 cm = ☐

49 cm + 32 cm = ☐

27 cm + 73 cm = ☐

65 cm + 26 cm = ☐

89 cm + 11 cm = ☐

21

67 cm − 32 cm = $\boxed{35}$ cm

34 cm − 13 cm = ☐

73 cm − 31 cm = ☐

94 cm − 52 cm = ☐

45 cm − 27 cm = ☐

52 cm − 38 cm = ☐

66 cm − 29 cm = ☐

81 cm − 52 cm = ☐

22

1 m − 28 cm = $\boxed{72}$ cm

1 m − 37 cm = ☐

1 m − 52 cm = ☐

1 m − 93 cm = ☐

1 m − 41 cm = ☐

8 m − 20 cm = ☐

6 m − 50 cm = ☐

9 m − 25 cm = ☐

4 m − 45 cm = ☐

7 m − 7 cm = ☐

23

43 cm + $\boxed{57}$ cm = 1 m

54 cm + ☐ = 1 m

65 cm + ☐ = 1 m

76 cm + ☐ = 1 m

29 cm + ☐ = 1 m

1 m 90 cm + ☐ = 2 m

1 m 85 cm + ☐ = 2 m

1 m 67 cm + ☐ = 2 m

1 m 55 cm + ☐ = 2 m

1 m 9 cm + ☐ = 2 m

☐ 🗐→ **Arbeitsbuch 2** S. 136

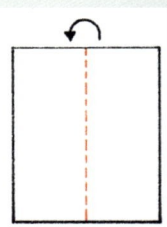

Datum: _____

○ 24 Ali faltet einen Papierflieger. Sein Blatt ist 20 cm breit.

Im 1 . Schritt halbiert Ali das Blatt.

Frage: _____

Lösung: [leeres Rechenkästchen-Feld]

Antwort: _____

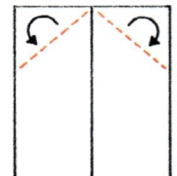

Datum: _____

◑ 25 Ali lässt seinen Papierflieger fliegen.

Er fliegt fast 4 m weit. Es fehlen 12 cm.

Frage: _____

Lösung: [leeres Rechenkästchen-Feld]

Antwort: _____

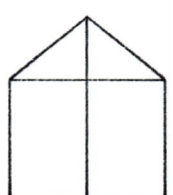

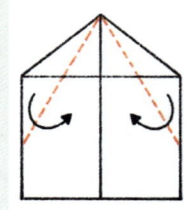

Datum: _____

◑ 26 Lea hat auch einen Papierflieger gefaltet.

Er fliegt 1 m und 5 cm weiter als der von Ali.

Frage: _____

Lösung: [leeres Rechenkästchen-Feld]

Antwort: _____

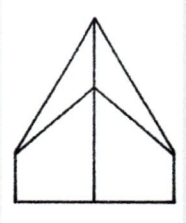

Datum: _____

◑ 27 Falte einen Papierflieger nach der Anleitung.

Wie weit ist dein Flieger geflogen?

_____

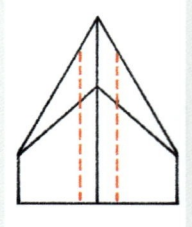

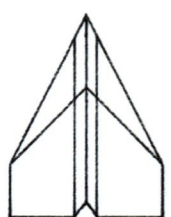

Zeit

28 Schreibe beide Uhrzeiten auf.

| 12.30 | Uhr | | Uhr | | Uhr | | Uhr |
| 0.30 | Uhr | | Uhr | | Uhr | | Uhr |

| | Uhr | | Uhr | | Uhr | | Uhr |
| | Uhr | | Uhr | | Uhr | | Uhr |

| | Uhr | | Uhr | | Uhr | | Uhr |
| | Uhr | | Uhr | | Uhr | | Uhr |

Datum:

29

| | Uhr | | Uhr | | Uhr | | Uhr |

13.00 Uhr   20.15 Uhr   17.30 Uhr   19.45 Uhr

Zeitspannen

Datum:

30

Beginn	Dauer	Ende
12:00	30 min →	12:30
12:15	→	12:30
09:00	→	10:30

Beginn	Dauer	Ende
08:30	→	10:30
06:15	→	12:15
18:45	→	19:30

Datum:

31

Beginn	Dauer	Ende
14.15 Uhr	3 h →	___ Uhr
___ Uhr	90 min →	___ Uhr
___ Uhr	15 min →	___ Uhr
___ Uhr	12 h →	___ Uhr

□ 🗐 → **Arbeitsbuch 2** S. 140

Kalender

JANUAR						
Mo	Di	Mi	Do	Fr	Sa	So
			1	2	3	4
5	6	7	8	9	10	11
12	13	14	15	16	17	18
19	20	21	22	23	24	25
26	27	28	29	30	31	

Datum:

32

| 12. April | 12. Juni | 12. August | 12. März | 12. November |

| 12.3. | 12.4. | 12.11. | 12.6. | 12.8. |

Datum:

33

| 24. Februar | 24. Dezember | 24. Juli | 24. Mai | 24. September |

| 24.7. | 24.9. | 24.2. | 24.5. | 24.12. |

Datum:

34 Schreibe das Datum kürzer.

| 17. Dezember 2025 | 17.12.2025 |

| 31. Oktober 2026 | |

| 5. April 2028 | |

| 1. August 2027 | |

| 25. November 2025 | |

| 8. März 2027 | |

☐ ▯→ **Arbeitsbuch 2** S. 142/143

93

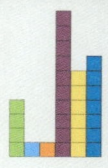

Datum:

35

In der Igelklasse wurde eine Umfrage zum Lieblingstier gemacht. Wie könnte das Säulendiagramm aussehen?

Die meisten Kinder mögen Löwen.

Wölfe und Eisbären sind gleich beliebt.

Esel sind beliebter als Dachse.

Krokodile sind am wenigsten beliebt.

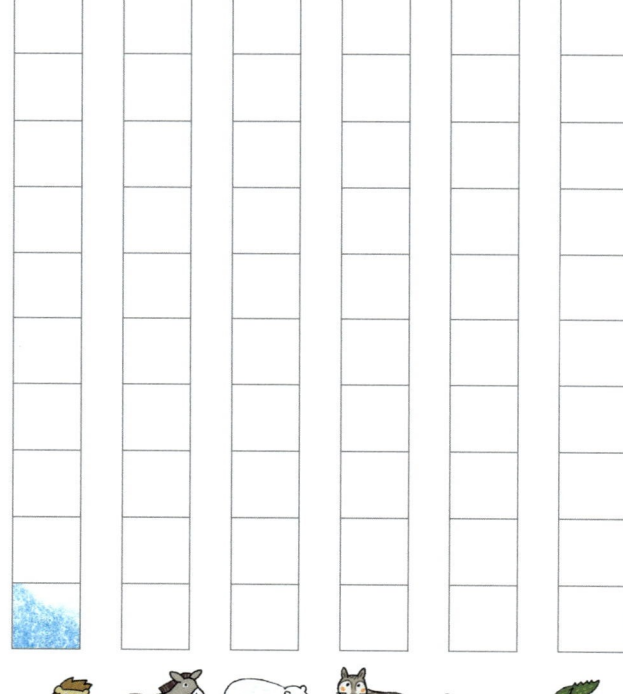

Datum:

36

Mache in deiner Klasse, in deiner Familie oder mit deinen Freunden eine Umfrage.
Frage, welches der Tiere das beliebteste Tier ist.
Zeichne ein Säulendiagramm.

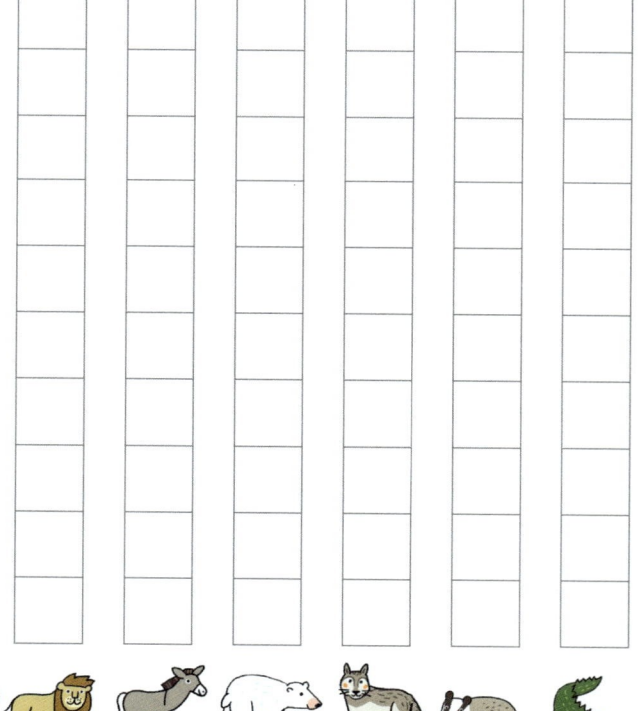

☐ 🗎 → Arbeitsbuch 2 S. 145

Datum:

37

Male die Geschichte, die Frage und die Lösung die zusammengehören in der gleichen Farbe an. Es bleiben Lösungen übrig.

Amelie, Julian und Hassan kaufen sich eine Waffel.
Eine Waffel kostet 2 €

Wie groß ist Imani?

$3 \cdot 2 € =$ _____

6 Uhr —h→ 13 Uhr

Mio war bei seiner Geburt 52 cm groß. An seinem 5. Geburtstag ist er 1 m 10 cm.

Wie viele Zentimeter ist Mio gewachsen?

$52 \, cm +$ _____ $= 1 \, m \, 10 \, cm$

Heute ist der 19. Juni. Am 31. Juni beginnen die Sommerferien.

Wie lange dauert die Fahrt in den Urlaub?

$2 \cdot 3 € =$ _____

$1 \, m \, 14 \, cm -$ _____ $= 12 \, cm$

Lino ist 1 m 14 cm groß. Imani ist 12 cm größer.

In wie vielen Tagen beginnen die Sommerferien?

$1 \, m \, 14 \, cm + 12 \, cm =$ _____

Rufus fährt mit seiner Familie in den Urlaub. Sie fahren um 6 Uhr los. Um 13 Uhr kommen sie an.

Wie viel müssen die 3 Kinder bezahlen?

$19 +$ _____ $= 31$

Haare schneiden

Damen: 46€
Herren: 35€
Kinder: 12€

Sonderangebot nur für Damen

Haare schneiden
1 cm für 5€
10 cm für 45€

Datum:

○ **38** Mio geht mit seinem Vater zum Friseur. Beide lassen sich die Haare schneiden.

Frage: _____

_____

Lösung:

Antwort: _____

Datum:

◑ **39** Lena und Ida gehen mit ihrer Mutter zum Friseur.
Alle lassen sich die Haare 2 cm abschneiden.

Frage: Was müssen sie bezahlen?

Lösung:

Antwort: _____

□ ▢ → **Arbeitsbuch 2** S. 149